버킷리스트 미국 서부

버킷리스트 미국 서부

2020년 1월 18일 1판 1쇄 인쇄
2020년 1월 28일 1판 1쇄 발행

지은이 서수민
펴낸이 이상훈
펴낸곳 책밥
주소 03986 서울시 마포구 동교로23길 116 3층
전화 번호 070-7882-2311
팩스 번호 02-335-6702
홈페이지 www.bookisbab.co.kr
등록 2007. 1. 31. 제313-2007-126호

기획·진행 박미정
교정교열 추지영
디자인 프롬디자인
본문 삽화 정혜민

ISBN 979-11-968453-6-0 (13980)
정가 16,000원

ⓒ 서수민, 2020
이 책은 저작권법에 따라 보호받는 저작물이므로 무단전재와 무단복제를 금합니다.
이 책 내용의 전부 또는 일부를 사용하려면 반드시 저작권자와 출판사에 동의를 받아야 합니다.

책밥은 (주)오렌지페이퍼의 출판 브랜드입니다.

이 도서의 국립중앙도서관 출판예정도서목록(CIP)은 서지정보유통지원시스템 홈페이지(http://seoji.nl.go.kr)와 국가자료종합목록 구축시스템(http://kolis-net.nl.go.kr)에서 이용하실 수 있습니다. (CIP제어번호 : CIP2020001210)

버킷리스트

죽기 전에 꼭 가봐야 할 캘리포니아 핫스폿 103
로스앤젤리스·라스베이거스·샌프란시스코·캐니언

서수민 지음

Bucket List

- ○ Chiang Mai
- ✓ **Western USA**
- ○ Palawan
- ○ Kyoto
- ○ Maldives
- ○ Taiwan
- ○ London
- ○ Granada
- ○ Dubrovnik
- ○ Copenhagen

미국 서부
Western USA

책밥

◇ 프롤로그 ◇

격세지감

수많은 책을 읽으면서도 내가 저자가 된다는 상상은 해본 적이 없다. 그런 내가 지금 이렇게 머리말을 쓰기 위해 앉아 있다. 여행이 삶의 일부분이 되면서 나에게 이런 날이 왔다.

캘리포니아 버킷리스트

미국이란 나라만큼 다양한 테마를 가진 곳이 있을까?
자로 잰 듯한 주와 주의 경계들, 그리고 그 안에 상상 이상의 다양한 여행지들, 더 자세히 들여다보면 이 나라는 말도 안 되는 대자연, 도시마다 지니는 특색들이 부러울 정도로 다양하다. 그래서 미국 여행에 대한 얘기를 나누다 보면 어디를 다녔는가에 따라 다양한 주제들이 쏟아져 나올 수밖에 없다.
이 책은 미국 서부, 즉 캘리포니아 여행 책이다. 엄밀히 말하면 캘리포니아 여행에서 꼭 가보거나 해봐야 할 버킷리스트를 하나하나 채워나가는 것이다. 다른 의미로 캘리포니아 여행을 떠나는 사람들에게도 좋은 길잡이가 되길 바란다. 여행 정보만 전달하는 것이 아닌 진짜 여행 이야기를 함께 녹여내고 싶었다.

내 여행은 대부분 사진 한 장과 어느 한 문장에 이끌려 시작된다. 그 이끌림은 이내 여행을 기다리는 두근거림으로 변한다. 이 책 속에 담긴 어떤 사진과 문장이 누군가에게 이끌림과 두근거림이 되길 바란다.

차례

- 프롤로그 … 4
- 이 책을 보는 방법 … 14
- 항공권 예약하기 … 18
- 출국 전 준비하기 … 20
- 팁 문화와 세금 … 22
- 날씨 알아보기 … 23
- 숙소 정하기 … 24
- 시외 교통수단 … 27
- 시내 교통수단 … 31
- 9박 10일 여행 추천 코스 … 36
- 햄버거 맛집 … 45
- 샌프란시스코 카페 투어하기 … 48
- 로스앤젤레스 루프톱 즐기기 … 50

Enjoy traveling

bucket list 1 금문교의 낮과 밤을 두 눈에 담기

금문교 Golden Gate Bridge … 56
금문교 뷰포인트 Golden Gate Bridge Viewpoint … 57
special 금문교 횡단하기 … 62
course 1일 코스 … 65

bucket list 2 화창한 날 헤이스 밸리에서 브런치 먹기

헤이스 밸리 Hayes Valley	68
스택스 Stacks	70
헤이스 밸리의 야외 영화관 프록시 Proxy	71
special 다양한 로컬 푸드	72
ccourse 1일 코스	75

bucket list 3 라스베이거스의 화려한 밤거리 걸어보기

라스베이거스 스트립 Las Vegas Strip	79
프리몬트 스트리트 Fremont Street	80
슬랏질라 짚라인 Slotzilla Zipline	82
하이롤러(대관람차) High Roller	83
special 라스베이거스에서 즐기는 화려한 쇼	84
special 라스베이거스의 클럽 & 루프톱 바 즐기기	86
special 라스베이거스 추천 호텔	87
special 라스베이거스 추천 맛집	89
course 1일 코스	91

bucket list 4 로스앤젤레스를 대표하는 거리, 멜로즈 애비뉴 걷기(feat. 쇼핑)

멜로즈 애비뉴 Melrose Avenue	94
앤젤 윙스 월 Angel Wings Wall	96
와일드 스타일 Wild Style	97
블루 잼 카페 Blu Jam Cafe	98
course 1일 코스	99

bucket list 5   로스앤젤레스에서 가장 힙한 에보키니 구석구석 걸어보기

에보키니 Abbot Kinney Blvd	102
탐스 에보키니 Tom's Abbot Kinney	104
인텔리젠시아 커피 Intelligencia Coffee	105
더 부처스 도터 The Butcher's Daughter	106
지젤리나 G.Jelina	107

bucket list 6   해 질 녘 산타모니카 비치에서 석양 바라보기

산타모니카 Santa Monica	110
루트66 Route 66 End of the Trail	113
리틀 루비 Little Ruby	114
버바 검프 쉬림프 Bubba Gump Shrimp Co.	115
아멜리아 에스프레소 & 파니니 Amelia's Espresso & Panini	115
special 산타모니카 추천 숙소	116
course 1일 코스	117

Take your time

bucket list 7 돌로레스 파크에서 분홍빛 석양 바라보며 피크닉하기

돌로레스 파크 Dolores Park	122
타르틴 베이커리 Tartin bakery	125
엘파롤리토 El farolito	125
바이 라이트 크리머리 Bi-Rite Creamery	126
포린 시네마 Foreign Cinema	127
course 1일 코스	129

bucket list 8 소살리토에서 힐링하기

소살리토 Sausalito	132
나파 밸리 버거 Napa Valley Burger	134
스코마스 Scoma's	134
프레드스 플레이스 Fred's Place	135
course 1일 코스	137

bucket list 9 빈티지한 케이블카와 스트리트카를 타고 종점까지 가보기

케이블카 타기 Cable Car	140
스트리트카 타기 Streetcars	143

bucket list 10 트윈 픽스와 더 뷰에서 샌프란시스코 야경 감상하기

트윈 픽스 Twin Peaks　　　　　　　　　148
더 뷰 The View　　　　　　　　　　　150

bucket list 11 사막의 휴양 도시 팜스프링스에서 여행의 쉼표 찍기

팜스프링스 Palm Springs　　　　　　　154
에이스 호텔 & 스윔 클럽 Ace Hotel & Swim Club　157
노마스 Nomar's　　　　　　　　　　　158
엘머스 Elmer's　　　　　　　　　　　159
special 팜스프링스 추천 숙소　　　　　160
course 1일 코스　　　　　　　　　　161

bucket list 12 레이크 할리우드 파크에서 여유롭게 할리우드 사인 감상하기

레이크 할리우드 파크 Lake Hollywood Park　　164
할리우드 사인 감상하며 인생 사진 남기기 Hollywood Sign　166
special 레이크 할리우드 파크 맛집　　　168
course 1일 코스　　　　　　　　　　169

Like　　　　　　　　　　　　　a movie

bucket list 13　　영화 <인사이드 아웃>의 롬바드 스트리트

　　롬바드 스트리트 Lombard Street　　　　　　　174
　　슈퍼 두퍼 버거 Super Duper Burgers　　　　　176
　　course 1일 코스　　　　　　　　　　　　　　177

bucket list 14　　알라모 스퀘어 파크와 페인티드 레이디스

　　알라모 스퀘어 파크 Alamo Square Park　　　180
　　페인티드 레이디스 Painted Ladies　　　　　　181
　　special 알라모 스퀘어 파크 맛집　　　　　　182
　　course 1일 코스　　　　　　　　　　　　　　183

bucket list 15　　그리피스 천문대에서 <라라랜드> 주인공 되어보기

　　그리피스 천문대 Griffith Observatory　　　　186
　　special 여유롭게 야경 감상하기　　　　　　　188
　　course 1일 코스　　　　　　　　　　　　　　189

bucket list 16 〈라라랜드〉의 데이트 장소
앤젤스 플라이트와 그랜드 센트럴 마켓

앤젤스 플라이트 Angels Flight	192
그랜드 센트럴 마켓 Grand Central Market	194
에그 슬럿 Egg Slut	196
course 1일 코스	197

bucket list 17 〈500일의 썸머〉에서 두 주인공이 만난 곳,
브래드버리 빌딩

브래드버리 빌딩 Bradbury Building	200
블루보틀 커피 Blue Bottle Coffee	202
더 라스트 북스토어 The Last Bookstore	203
course 1일 코스	205

Awesome   nature

bucket list 18 세상에서 가장 아름다운 요세미티 국립공원에서
자연을 만끽하기

요세미티 국립공원 Yosemite National Park	210
하프돔 Half Dome	211
엘캐피탄 El Capitan	212
글래이서 포인트 Glacier Point	213
미러 레이크 Mirror Lake	214
브라이들베일 폭포 Bridalveil Falls	215
special 요세미티 국립공원 숙소	216

bucket list 19 — 죽기 전에 꼭 가봐야 할 곳, 그랜드캐니언 느껴보기

그랜드캐니언 국립공원 Grand Canyon National Park	220
사우스림 뷰포인트 South Viewpoint	222
special 그랜드캐니언 숙소	224
special 그랜드캐니언으로 이동하기	225

bucket list 20 — 자연의 신비 앤텔로프캐니언으로 들어가 보기

앤텔로프캐니언 Antelope Canyon	230
special 앤텔로프캐니언 투어 예약하기	233

bucket list 21 — 홀스슈 밴드에서 심장이 쫄깃해지는 인생 사진 남기기

대자연의 경이로움, 홀스슈 밴드 Horseshoe Bend	236

bucket list 22 — 조슈아트리 국립공원에서 은하수 보기

조슈아트리 국립공원 Joshua Tree National Park	242
밤하늘 은하수 보기 The Galaxy	244
캠핑하기 Camping	245
special 조슈아트리 국립공원에서 놓쳐서는 안 될 포인트	246
special 조슈아트리 국립공원 둘러보기	248

이 책을 보는 방법

버킷리스트 시리즈는 한 나라 전체가 아닌 도시를 다루는 해외 여행서이다. 저자가 사랑하는 여행지에서 버킷리스트를 하나하나 이루어가는 여행을 소개한다. 유명 관광지만 둘러보고 오는 뻔한 여행 대신 오래도록 기억에 남는 특별한 여행을 도와준다.

◆ 여행 목적을 고려하여 버킷리스트를 'Enjoy traveling', 'Like a movie', 'Awesome nature' 등의 테마로 분류했으며, 하나의 버킷리스트마다 스폿과 문화 공간을 두세 곳씩 소개한다.

◆ 스폿 소개가 끝나면 하루에 돌아볼 수 있는 여행 코스를 제안한다. 앞서 소개한 버킷리스트 스폿 중 최소 한 군데를 포함한 1일 코스이다. 코스의 각 스폿마다 간단한 소개글과 정보를 담았다.

15

◆ 각 스폿마다 주소, 전화번호, 운영시간, 이용요금 등의 기본 정보를 소개한다. 앱스토어 또는 플레이 스토어에서 '구글 맵스Google Maps'를 다운로드해 실행하고, 검색창에 찾고 싶은 스폿을 입력한다. QR코드를 통해서도 위치를 확인할 수 있다.

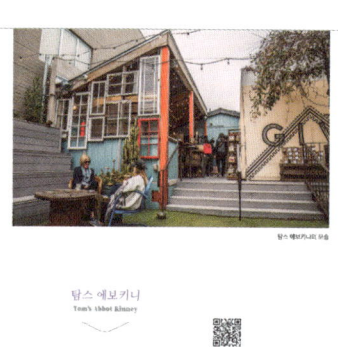

탐스 애보키니의 모습

인텔리젠시아 커피
Intelligencia Coffee

커피 마니아라면 에모키니에 들어서는 순간 행복을 느낄 만큼 유명하고 다양한 카페를 곳곳에서 만날 수 있다. 로스앤젤레스에서 가장 유명한 카페 중 하나인 인텔리젠시아 커피는 독특한 매장 구조와 인테리어는 물론 훌륭한 커피 맛으로도 인정받는 곳이다.

주소 1331 Abbot Kinney Blvd, Venice, CA
전화번호 +1 310 399 1233
홈페이지 http://intelligenciacoffee.com
운영시간 월~목요일 06:00-20:00, 금~토요일 07:00-22:00, 일요일 07:00-20:00
가격 $5

탐스 애보키니
Tom's Abbot Kinney

에모키니를 걷다 보면 '여긴 대체 뭐 하는 곳이야' 하는 궁금증이 드는 매장을 종종 만난다. 탐스 애보키니도 감각적인 외관에 이끌려 들어간 곳이다. 커피 주문을 받는 곳이 있고 주변에는 탐스 제품들이 놓여 있는데 카페인지 숍인지 알 수 없는 분위기다. 안쪽으로 더 들어가면 편안한 의자에 앉아 커피를 마시며 담소를 나누는 사람들을 발견하게 된다. 이어서 정원으로 꾸며진 파티오(야외 트인 건물 내의 뜰)에도 사람들이 앉아 커피를 마시고 있다. 탐스 애보키니는 숍 안에서 자유롭게 쉬면서 즐길 수 있는 곳이다.

주소 1344 Abbot Kinney Blvd, Venice, CA
전화번호 +1 310 314 9700
홈페이지 http://toms.com
운영시간 월~목요일 09:00-20:00, 금~토요일 09:00-21:00

인텔리젠시아 커피의 외부 내부 모습

◆ 여행할 때 주의 사항이나 스폿의 부가 정보를 tip에 담았다.

멜로즈 애비뉴에서 가장 유명한 핑크월

멜로즈 애비뉴
Melrose Avenue

로스앤젤레스의 대표적인 거리답게 눈앞에 보이는 건물들은 벽면부터 예사롭지 않다. 건물의 특색에 따라 개성이 느껴지는 색과 그림이 발걸음을 절로 멈추게 한다. 그중 가장 대표적인 곳이 폴 스미스(Paul Smith) 매장으로 건물 벽면 전체가 핫핑크로 칠해져 있어 사진이 예쁘게 나온다. 햇빛에 따라 핑크색이 다채롭게 바뀌어서 더 인기가 많은데, 사진을 찍을 때는 장벽면 구역에서 핸드폰 카메라로만 찍어야 한다. 일반 카메라로 찍으면 경호원이 다가와 수어 준다.

주소: 8221 Melrose Ave, Los Angeles, CA(Paul Smith 검색)
가는방법: 렌터카/우버/10번 버스 Melrose/Harper station 하차

개성 넘치는 해변과 건물 사이를 걷다가 어떤 벽면을 발견하면 사진을 찍고 다시 걷기를 반복하다 지루함을 느낄 때쯤 멜로즈 애비뉴의 특별함을 만날 수 있다. 그중 하나가 할리우드 패션 트렌드를 읽을 수 있는 편집숍과 감각적인 빈티지 숍이다. 다양하고 개성 넘치는 빈티지 상품이 많아 취향에 따라 구경하며 소일할 수 있다. 외관부터 눈길을 사로잡는 상품들이 15-20 블럭에 걸쳐 흩어져 있기 때문에 다 둘어보려면 꽤 많은 시간이 소요되니 참고하라. 또한 감각적인 식당과 카페도 즐비해 만나절 이상 머물 수밖에 없는 곳이다.

 주차하기
보통 갓길 주차를 해야 한다. 주차가 금지된 요일과 시간이 정해진 구역도 있으니 표지판을 반드시 잘 읽어봐야 한다. 카드도 되지만 동전을 사용하는 것이 좋다. 주차 구역마다 설치된 기계에 통전을 넣으면 주차 시간이 올라간다. 주차 시간을 더출 계산에서 이동하면 된다.

멜로즈 애비뉴의 다양한 벽화

17

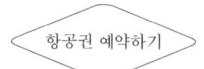

항공편은 크게 직항과 경유로 나눌 수 있다. 대부분 휴가가 일주일에서 열흘 남짓이기 때문에 비행시간이 긴 미국 서부의 도시를 여행할 때는 직항이 좋다. 또한 하나의 도시에만 머무르지 않고 여러 도시를 여행하므로 도착 도시와 출발 도시(in and out)를 다르게 설정하여 다구간 예매를 하는 것이 효율적이다. 국내 항공사(아시아나항공, 대한항공)의 미국 서부 취항지는 샌프란시스코, 라스베이거스, 로스앤젤레스이며, 유나이티드항공과 델타항공도 국내 항공사와 공동 운항을 하고 있다.

명절이나 방학, 연말과 같은 성수기에 가격이 저렴한 좌석은 금방 매진되기 때문에 최대한 일찍 예매하는 것이 좋다. 그 외의 시기에는 최소 한 달 전에 예매하면 비교적 저렴하게 항공권을 구입할 수 있다. 급작스럽게 휴가를 떠나는 경우 출발일이 임박해서도 팔리지 않거나 취소된 땡처리 항공권을 구매하는 방법도 있다. 하지만 이런 항공권은 취소와 환불이 불가능하거나 원하는 날짜를 지정할 수 없다.

항공권을 구입할 때는 여러 사이트에서 꼼꼼히 가격 비교를 하는 것이 좋다. 많은 여행자들이 자주 이용하는 사이트는 스카이 스캐너(http://skyscanner.co.kr)이다. 스카이 스캐너는 국내 여행사는 물론 해외 사이트의 가격까지 한눈에 확인할 수 있다. 단, 해외 사이트에서 구매할 때는 가격이 매우 저렴한 대신 취소와 환불이 불가능하거나 절차가 매우 복잡한 경우가 있으니 주의한다.

항공권을 구입할 때는 반드시 날짜 변경이 가능한지, 마일리지 적립이 되는지, 항공권의 유효 기간은 얼마나 되는지, 취소와 환불이 가능한지, 수수료는 얼마인지 등을 반드시 확인해야 한다. 예약할 때는 여권번호와 여권에 적힌 영문 이름 등의 정보를

꼼꼼히 확인한다. 특히 여권의 유효 기간이 출발일로부터 6개월 이상 남아 있는지 반드시 확인한다.

자주 이용하는 항공권 예약 사이트
스카이 스캐너 http://skyscanner.co.kr
익스피디아 http://expedia.co.kr
현대카드 프리비아 http://priviatravel.com

◇ 출국 전 준비하기 ◇

여권 확인하기

미국에 입국하기 위해서는 반드시 전자여권이 필요하다. 전자여권이 아닌 경우에는 반드시 재발급을 받아야 한다. 여권번호가 알파벳 'M'으로 시작하는 것이 전자여권이다.

외교부 여권 안내 홈페이지 http://passport.go.kr

전자여행허가제 ESTA

2008년 11월부터 한국이 미국의 비자 면제 프로그램 회원국이 되면서 최대 90일까지 비자 없이 체류할 수 있다. 이것을 적용받기 위해서는 몇 가지 요건을 충족해야 한다. 단기 출장, 관광, 경유 목적으로 미국을 방문하는 것이어야 하며, 유효한 전자여권과 왕복 항공권을 소지해야 하고, 미국 입국일로부터 90일 이내에 출국해야 한다. 그리고 가장 중요한 ESTA, 즉 전자여행허가제 시스템의 승인을 받아야 한다. ESTA 공식 홈페이지에 접속해 신상 정보를 기록하고 수수료 14달러를 지불하면 실시간으로 허가 여부를 통보받는다. 승인 거절을 통보받는 경우 미국 대사관에서 직접 비자를 발급받아야 한다. ESTA는 2년간 유효하며 2년 내에 미국으로 다시 출국할 경우 재승인을 받아야 한다. 늦어도 미국으로 출발하기 72시간 전까지 신청해야 한다.

ESTA 홈페이지 http://esta.cbp.dhs.gov(한국어 선택 가능)

환전과 신용카드

미국은 우리나라처럼 신용카드 사용이 보편화되어 있으니 환전은 최소한으로 하는 것이 좋다. 평소 국내에서 사용하는 신용카드라 하더라도 해외 결제 거부가 설정되어 있을 수 있으니 출발하기 전에 반드시 확인한다. 더불어 해외 결제 한도도 확인한다. 카드 수수료는 해외 카드 회사에 지불하는 수수료 약 1퍼센트와 국내 카드 회사에 지불하는 별도 수수료 약 0.25~0.5퍼센트가 더해져 약 1.25~1.5퍼센트로 책정된다. 신용카드는 얼마만큼 썼는지 정확히 계산하기 힘드니 좀 더 계획적인 소비를 위해 신경 써야 한다. 현금을 잃어버릴까 봐 불안하다면 ATM(현금인출기) 사용이 가능한 체크카드를 준비하는 것도 좋다.

여행자보험

어느 여행지를 가든 여행자보험은 선택이 아닌 필수이다. 특히 의료비가 상상 이상으로 비싼 미국을 여행할 때는 만약을 대비해 반드시 가입해야 한다. 핸드폰이나 카메라 같은 중요 휴대품 분실이나 도난, 비행기 지연이니 수하물에 대한 보장도 있으니 꼼꼼히 확인하고 선택한다.

국제운전면허증

미국에서 렌터카를 이용하려면 반드시 국제운전면허증이 있어야 한다. 발급 장소는 지정된 경찰서나 운전면허시험장이며, 국내운전면허증과 여권, 증명사진 1장이 필요하다. 발급 비용은 8,500원이며 국제운전면허증의 유효 기간은 1년이다. 미국에서 렌터카를 빌릴 때는 국제운전면허증뿐만 아니라 국내운전면허증도 반드시 함께 가져가야 한다.

◇ 팁 문화와 세금 ◇

고객 서비스 개념이 가장 발달한 나라 중 하나인 미국은 팁이 법률로 정해진 것은 아니지만 하나의 관습으로 정착되었다. 미국에서는 팁을 받았다는 가정하에 해당 업종에 대한 세금을 부과하기 때문에 팁을 내지 않는 것은 요금을 덜 낸 것이나 다름없다. 팁 문화에 익숙하지 않은 데다 익히 알고 있다 하더라도 미국 현지에서 실제로 계산해보면 팁의 액수가 생각보다 많아서 적잖이 당황하게 마련이다. 패스트푸드점 같은 셀프 서비스 식당을 제외하고 고급 레스토랑부터 작은 카페까지 거의 모든 식음료 영업장에서 팁을 지불해야 한다.

팁은 보통 음식값의 12~20퍼센트가 일반적이며 동전으로 지불하는 것은 실례이니 지폐를 준비한다. 음식값에 팁을 더한 금액을 계산서와 함께 주거나 테이블 위에 올려두면 된다. 신용카드로 결제할 때는 매출 전표 아래 팁을 적는 난에 주고 싶은 팁의 액수와 함께 음식값을 합한 총액을 적는다. 대부분의 식당은 금액에 따라 팁이 자동으로 계산서에 표시된다. 하지만 그렇지 않은 식당도 있으니 여행 전에 미리 팁 계산 앱을 다운로드해두면 편리하다. 팁과 음식값이 합산된 금액의 계산서는 'Gratuity'라고 표시되어 있으니 이중으로 지불하지 않도록 확인한다. 'Gratuity not included'는 팁이 포함되지 않은 금액이라는 뜻이니 반드시 따로 지불해야 한다.

> 날씨 알아보기

캘리포니아 북부에 속한 샌프란시스코는 서안 해양성 기후로 지중해성 기후를 지닌 로스앤젤레스에 비해 기온은 조금 낮은 편이지만 캘리포니아 지역은 전체적으로 혹한이나 폭염이 없어 365일 여행하기 좋은 곳이다. 겨울에는 우기가  집중되는 편이지만 여행하기 불편할 정도는 아니다. 여름에 기온이 높기는 하지만 우리나라 동남아시아처럼 습도가 높지 않은 쾌적한 날씨다.

라스베이거스는 사막에 자리 잡고 있어 영하로 내려가는 날이 없다. 겨울 평균기온은 최저 0~5도이며 최고 15도까지 올라가니 일교차에 각별히 주의해야 한다. 여름에는 최고 기온이 40도까지 올라가니 더위에 약한 사람은 이 시기를 피하는 것이 좋다. 하지만 비가 거의 오지 않고 대부분 맑은 하늘을 볼 수 있어 라스베이거스는 날씨마저 여행자들에겐 천국이다.

숙소 정하기

호텔뿐만 아니라 비앤비(B&B), 롯지, 호스텔, 모텔 등 다양한 형태의 숙소를 이용할 수 있다. 숙소는 여행 경비에서 큰 비중을 차지할 뿐만 아니라 여행의 질을 결정하는 중요한 요소인 만큼 자신의 여행 스타일에 맞춰 신중하게 선택해야 한다. 호텔이 많고 가격도 비교적 저렴한 라스베이거스를 제외하면 샌프란시스코나 로스앤젤레스는 호텔이 비싼 편이라 다른 대안도 충분히 고려하는 것이 좋다.

출처 shutterstock

자주 이용하는 숙소 예약 사이트
아고다(http://agoda.com) 다양한 숙소를 찾아볼 수 있다.
트리바고(http://trivago.co.kr) 가격을 한눈에 비교할 수 있다.
프라이스라인(http://priceline.com) 원하는 지역과 가격을 입력하면 조건에 맞는 호텔을 연결해주는 경매 방식의 예약 사이트이다. 다만 예약되기 전까지 호텔 이름을 알려주지 않고 세부 지역과 이용한 사람들의 평점만 볼 수 있다. 정상가보다 훨씬 저렴하게 예약할 수 있어 많은 사람들이 이용한다.
에어비앤비(http://airbnb.com) 숙박 공유 사이트로 호텔보다 저렴한 가격에 숙소를 구할 수 있다.

호텔

안전하고 쾌적한 숙소는 당연히 호텔이다. 자칫 숙소가 마음에 들지 않으면 여행 전체를 망칠 수도 있다. 가격은 비싸지만 잠자리가 중요한 여행자에게 호텔만큼 좋은 곳이 없다. 특히 라스베이거스는 호텔도 많고 가격도 저렴하고 방

도 넓다. 미국의 호텔은 주차장이나 헬스장 사용료를 따로 내야 하는 경우가 많으니 미리 확인하고 이용한다. 하우스 키퍼(객실 청소) 서비스를 제공하는 메이드에게 인원수에 따라 1~2달러 정도의 팁을 주는 것이 기본 매너이다. 팁은 테이블에 두고 나가면 된다.

비앤비(B&B)

비앤비(Bed & Breakfast)는 자신의 집 전체 또는 일부 방을 여행자들에게 제공하는 숙박 형태이다. 비앤비가 보편화된 미국에서는 호텔 수준 또는 호텔보다 더 좋은 시설을 갖춘 곳도 많다. 숙박 업소로 정식 등록되어 있어 호텔처럼 수건이나 기타 물품을 포함해 아침 식사를 제공한다. 현지인들의 일상을 엿볼 수 있지만 대부분 번화가에서 조금 떨어진 곳에 위치해 시내 접근성이 썩 좋지는 않다.

호스텔

가장 저렴한 호스텔은 한 방에 여러 명이 잘 수 있는 도미토리가 많고, 1인실과 2인실도 있다. 혼자 여행하거나 다국적 친구를 사귀고 싶은 여행자들에게는 재미있는 경험이 될 것이다. 화장실과 주방은 공동으로 사용하며 개인 소지품은 잃어버리지 않게 각별히 주의해야 한다.

인(Inn), 모텔(Motel)

미국 영화에 많이 등장하는 모텔은 저렴한 비용으로 이용할 수 있는 숙박 시설이다. 번화가에서 조금 벗어난 위치에 모텔이 많은데, 너무 저렴한 모텔은 위생 상태나 시설이 좋지 않을 수 있으니 주의한다. 'Inn(인)'은 미국 서부 지역을 여행하다 보면 간판을 쉽게 볼 수 있을 만큼 보편화된 숙박 시설이다. 인은 모텔과 같은 형태이지만 좀 더 비싸고, 비교적 중심가에서 가까운 곳에 많다. 일반 모텔이나 인에 묵기가 꺼려진다면 규모와 시스템을 갖춘 체인 모텔도 있으니 참고하자.

체인 모텔 슈퍼8(http://super8.com)

출처 unsplash @Jason Pofahl on Unsplash

시외 교통수단

그레이하운드 Greyhound

그레이하운드는 미국 전 지역을 연결하는 광역버스 회사로 도시와 도시를 가장 저렴하게 이동할 수 있는 대표적인 교통수단이다. 일정을 자유롭게 변경할 수 있다는 장점이 있으나 이동 시간이 길기 때문에 장기 여행자에게 적합하다. 출발지와 목적지가 같아도 경유 횟수가 다른 여러 개의 노선이 있으니 꼼꼼히 확인해야 한다.

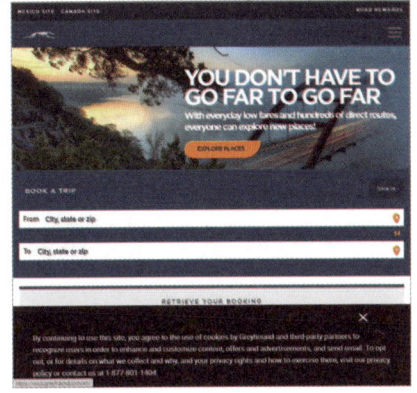

노선 정보와 예매 홈페이지 http://greyhound.com

암트랙 Amtrak

미국에서 가장 대표적인 철도 노선으로 아메리칸(American)과 트랙(Track)의 합성어이다. 쾌적한 열차 시설과 환경을 제공하지만 비행기 요금과 비슷하고, 샌프란시스코와 라스베이거스에는 노선이 없어 인근 도시에서 다른 교통수단으로 환승해야 하는 불편함이 있다. 그러나 차창 너머로 미국 서부 지역의 멋진 풍경을 바라보며 낭만적인 여행을 즐길 수 있다.

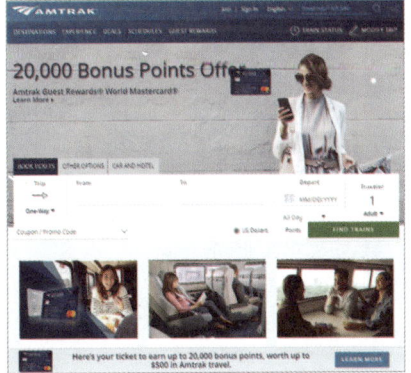

홈페이지 http://amtrak.com

비행기

도시와 도시를 이동하는 가장 빠르고 편리한 교통수단이지만 가격이 비싸다. 하지만 미국에도 저가항공이 발달해 미리 예매하면 꽤 저렴하게 항공권을 살 수 있다. 미국 서부 지역 도시를 오가는 저가항공사는 버진아메리카항공과 스피릿항공이 대표적이다. 저가항공은 수하물 비용을 추가해야 하므로 대형 항공사와 최종 가격을 비교해봐야 한다. 유나이티드항공과 같은 대형 항공사도 평일이나 아침 이른 시간에 이용할 수 있는 저렴한 항공권을 내놓는다.

렌터카

드라이브 코스가 잘 발달된 미국 서부 지역을 여행할 때는 렌터카를 이용하면 편리하다. 더 많은 곳을 둘러보려면 반드시 렌터카를 준비해야 한다. 전체 일정을 모두 렌터카로 돌아보지 않더라도 도시와 도시를 이동하거나 대중교통이 닿지 않는 곳을 여행할 때는 효율적이다. 미국은 렌터카가 잘 발달되어 비용이 저렴한 편이며, 픽업과 반납을 각각 다른 도시에서 할 수 있다.

• 예약하기
대여할 수 있는 렌터카 회사와 차종, 가격을 한눈에 비교할 수 있다. 예약할 때

는 보험(풀커버 보험 추천)과 추가 옵션 등을 꼼꼼히 살펴보고, 동행과 번갈아 운전할 경우에는 추가 운전자 등록도 반드시 해야 한다. 또한 픽업 및 반납 도시와 장소, 비상시 조치법을 꼭 확인하자. 렌터카 업체로는 허츠(Hertz, http://hertz.co.kr)가 가장 유명하며 알라모(Alamo)와 에이비스(Avis)도 많이 이용한다. 허츠와 알라모는 우리나라에도 지점이 있어 한국어 사이트에서 간편하게 예약할 수 있다.

추천 예약 사이트 http://rentalcars.com

• 픽업/반납하기

공항이나 시내 지점 등 예약할 때 지정한 픽업 장소에서 차를 받는다. 이때 예약확인서와 국제 및 국내 운전면허증, 여권, 신용카드를 제출하고, 예약 사항이 맞는지 다시 한 번 확인한다. 주차장에서 차를 픽업할 때는 직원이 거의 대동하지 않으니 차량 이상 유무를 반드시 꼼꼼하게 확인한다. 차량 상태 점검서와 렌탈 및 보험 서류는 반드시 차량 안에 잘 보관해두어야 한다.

반납도 예약 시 미리 지정한 곳에서 하는데, 연료는 픽업 시 채워진 만큼 시내 주유소에서 채워 가는 것이 좋다. 연료를 채우지 못한 경우에는 업체에서 그에 따른 금액을 청구하는데, 시내 주유소에 비해 가격이 비싼 편이다. 마지막으로 소지품과 최종 지불한 금액을 꼼꼼히 확인한다. 픽업 시 신용카드로 청구된 보증금이 환불됐는지 확인하려면 반납할 때 받은 최종 영수증을 반드시 가지고 있어야 한다.

• 주유하기

미국의 주유소는 대부분 셀프인데, 우리나라 셀프 주유소처럼 주유기에 설치된 카드 리더기를 이용하거나 주유소에 있는 편의점이나 정산소에서 주유기 번호와 주유 등급, 주유량을 말한 후 선결제 방식으로 이용할 수도 있다.

주차하기

공영주차장을 이용할 경우 배치된 기계에 바닥에 적힌 주차 구역 번호(Stall number)와 주차할 시간을 선택하고 결제한 다음 영수증을 앞유리 안쪽에 올려놓아야 한다. 길가의 주차 구역에 배치된 기계는 동전을 넣으면 시간이 저절로 올라가는 시스템이니 주차 시간을 미리 계산해 동전을 투입한다. 각 주차 구역마다 허용된 요일과 시간이 다르니 반드시 미리 확인한다.

렌터카 이용 시 주의 사항
- 국제운전면허증과 국내운전면허증을 모두 가지고 가야 한다.
- 미국은 속도 단위가 마일이므로 킬로미터와 헷갈리지 않도록 주의한다 (1mile=1.6km).
- 데이터 통신이 원활하지 않는 상황에 대비해 반드시 오프라인 지도를 미리 다운로드해둔다.
- 과태료를 청구받은 경우 인터넷으로 납부하거나 차량 반납 시 수수료를 지불하고 렌터카 회사에서 처리한다.
- 미국 서부 지역은 우회전 신호가 따로 없고 신호등이 빨간색이어도 우회전이 가능하다. 우회전을 할 때는 반드시 주위를 잘 살펴야 한다. 하지만 'no turn', 'no red'라는 표지판이 있을 때는 멈춰야 한다.
- 스쿨버스를 절대 추월해서는 안 된다.
- 운전자 및 조수석에 앉은 사람뿐 아니라 뒷좌석에 앉은 사람도 반드시 안전벨트를 착용해야 한다.

> 시내 교통수단

샌프란시스코에서 대중교통 이용하기

• 뮤니패스 이용하기(뮤니버스, 케이블카, 스트리트카, 뮤니메트로)

미국 서부 지역에서 대중교통이 가장 발달한 샌프란시스코에서는 렌터카보다 대중교통을 이용하는 것이 더 편리하다. 샌프란시스코의 대표적인 교통카드인 뮤니패스로 뮤니버스, 케이블카, 스트리트카, 메트로를 이용할 수 있다.

스트리트카 내부

뮤니패스는 1일권($23), 3일권($34), 7일권($45)이 있으니 여행 기간에 따라 구매하면 된다. 사용하는 날짜를 동전으로 긁고 기사에게 보여주면 된다. 메트로를 이용할 때는 개찰구에 들어갈 때 중앙에 있는 창으로 역무원에게 뮤니패스를 보여준다. 3일권과 7일권은 원하는 날짜만 골라서 사용할 수 없으며 반드시 연속된 기간에 사용해야 한다.

뮤니패스 7일권

뮤니모바일(MuniMobile) 앱에서 1일권($12), 케이블카를 제외한 1일권($5), 3일권($29), 7일권($39)을 할인된 금액으로 간편하게 구입할 수 있다. 앱을 열어서 기사에게 보여주면 되므로 분실 걱정을 할 필요도 없다. 대중교통의 1회 이용료가 비싸기 때문에 버스를 하루에 2회 이상 이용한다면 뮤니패스를 구매하는 것이 좋다. 티켓을 구매하고 클릭하면 'Use Ticket Now(지금부터 사용)'라는 창이 뜨는데 클릭하는 순간부터 24시간 사용 가능하다. 3일권과 7일권은 시작한 날부터 연속해서 해당 기간 동안 사용할 수 있다.

뮤니패스 사는 곳 샌프란시스코 공항 안내 데스크, 파웰역 입구 계단 아래 방문자 센터(Visitor Information Center), 메이시스 백화점 지하 2층
tip 샌프란시스코 케이블카 140쪽, 스트리트카 143쪽

뮤니모바일 앱

◆ **바트(Bart)**
바트는 샌프란시스코 국제공항에서 시내(파웰역 Powell Station)으로 들어갈 때 가장 유용한 전철이다. 샌프란시스코에서 오클랜드, 버클리와 같은 도시들을 연결해주는 교통수단이기도 하다. 바트는 뮤니패스를 사용할 수 없고, 클리퍼(Clipper)라는 교통카드를 구매해야 한다. 우리나라 지하철처럼 거리에 따라 가격이 다르므로 필요한 금액을 충전해서 사용한다. 요금표는 충전하는 기계에 붙어 있으니 참고하면 된다.

클리퍼 카드

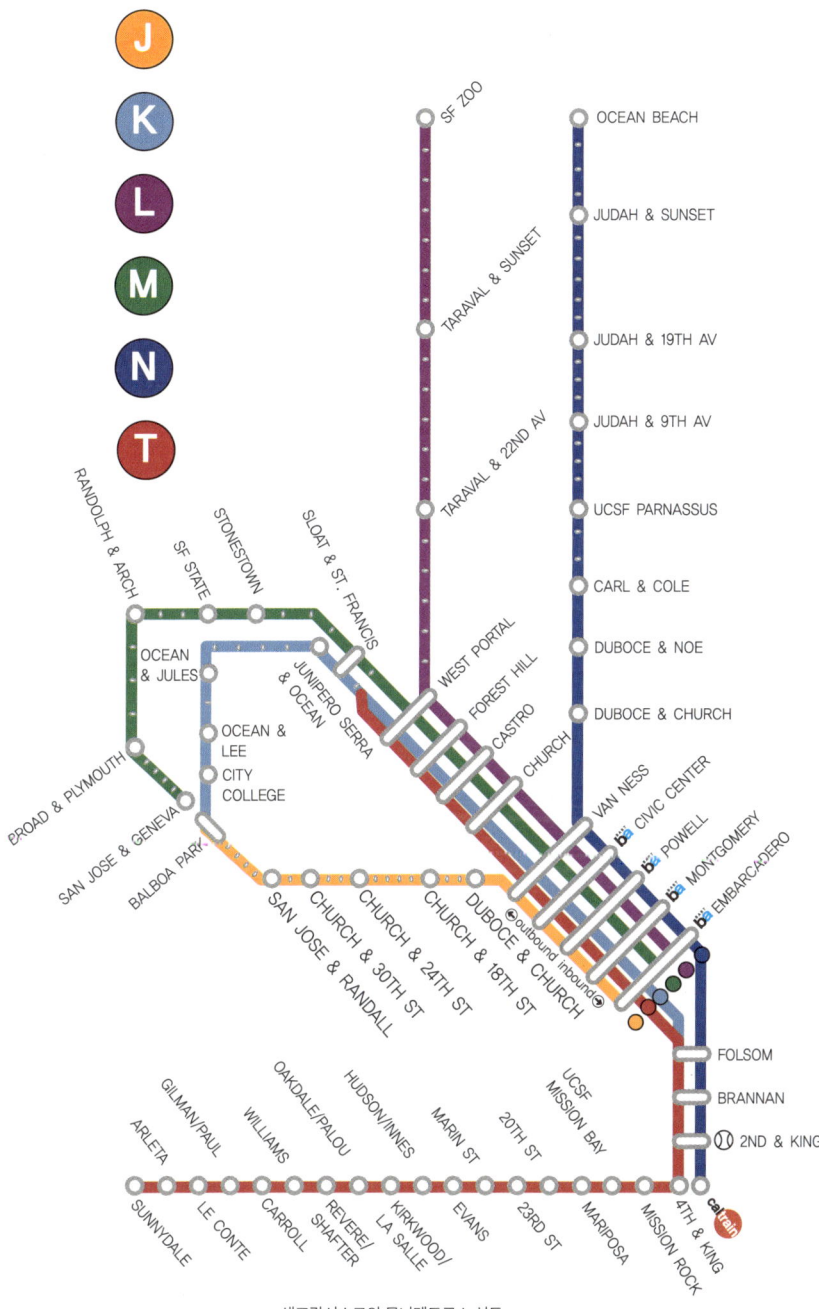

샌프란시스코의 뮤니메트로 노선도

라스베이거스 교통수단

라스베이거스의 대중교통으로 유료인 모노레일과 같은 계열사의 호텔을 오가는 무료 트램이 있다. 대부분 비즈니스 목적으로 방문하는 사람들을 위해 호텔 간 이동에 사용하고 여행객들은 이용할 일이 별로 없다. 라스베이거스 공항에서 시내로 들어가거나 먼 거리를 이동할 때는 우버나 리프트를 이용하는 것이 낫다.

• 우버(Uber), 리프트(Lyft)
우버와 리프트는 우리나라의 콜택시나 카카오택시와 비슷하다고 보면 된다. 해당 앱에서 목적지를 설정하고 가격을 확인한 후 호출하면 근처에 있는 택시가 와서 목적지까지 데려다준다. 앱을 설치한 후 신용카드 정보를 등록하면 자동 결제가 되므로 따로 현금을 준비하지 않아도 된다. 미국은 워낙 우버 시스템이 잘되어 있다. 택시보다 가격이 저렴하고 편하게 이동할 수 있기 때문에 여행자들에게 특히 유용하다. 다만 가격이 저렴한 대신 중간에 다른 손님과 합승할 수도 있고, 합승한 손님의 목적지에 따라 돌아가면 시간이 더 소요될 수도 있다. 시간 여유가 없다면 합승하지 않는 조건으로 돈을 더 지불하는 프리미엄 서비스를 이용하면 된다.

로스앤젤레스 교통수단

운전면허가 없거나 운전이 두려운 사람들은 지하철과 버스, DASH 버스, 우버, 리프트를 이용할 수 있다. 지하철과 버스는 통합 교통카드인 탭(TAP) 카드로 결제하고(1회 이용 $1.75), 우리나라처럼 지하철역에서 금액을 충전하면 된다. 1일권($7), 7일권($25)이 있으며, 공항버스도 탭 카드로 결제 가능하다.

로스앤젤레스의 지하철 노선도

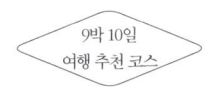

9박 10일
여행 추천 코스

관광이 목적인 여행자를 위한 코스

휴가를 내고 여행할 수 있는 기간은 대부분 열흘 남짓이다. 이 기간 동안 하나 또는 2개의 도시에 머문다면 여유 있게 천천히 둘러봐도 되지만 최대한 많은 곳을 여행하고 싶은 여행자에게는 시간이 금이다. 다음은 짧은 시간에 최대한 많이 보고 싶은 여행자들을 위한 추천 코스이다.
샌프란시스코(3박 4일) - 라스베이거스, 그랜드캐니언(2박 3일) - 팜스프링스(1박 2일)- 로스앤젤레스(2박 3일)

1 일차

인천국제공항 → 샌프란시스코

첫날은 장시간 비행으로 피로가 쌓여 있을 테니 일정을 간단하게 소화하는 것이 좋다. 대부분의 여행자들이 그렇듯이 유니온 스퀘어 근처에 숙소를 잡는다면 편리한 1일 차 추천 코스다. 숙소에서 유니온 스퀘어가 멀다면 무리하지 말고 숙소 근처를 둘러보자.

12:00   샌프란시스코 도착
15:00   숙소 체크인
17:00   유니온 스퀘어 역으로 이동 후 슈퍼 두퍼 버거(마켓 스트리트 지점)에서 식사하기 / 176쪽
    도보 이동
18:00   더 뷰 라운지에서 샌프란시스코 야경 즐기기 / 150쪽

2일차

샌프란시스코

본격적인 여행이 시작되는 날로 샌프란시스코 유명 관광지를 둘러보는 코스다.

09:00	숙소 근처의 케이블카 정류장에서 파웰-하이드(Powell-Hyde)
도보 이동	노선 케이블카를 타고 롬바드 스트리트로 이동 / 174쪽
10:30	마마스에서 브런치 즐기기 / 176쪽
도보 이동	
11:30	체스넛 스트리트 구경하기 (도보 15분, 뮤니버스 또는 우버 이용) / 177쪽
12:30	피셔맨스 워프로 이동

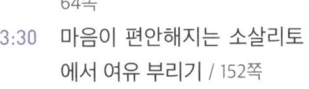

피셔맨스 워프에서 자전거를 렌트하는 경우 | **자전거를 렌트하지 않는 경우**

		13:00	페리 타고 소살리토로 이동 / 64쪽
자전거를 타고 팰리스 오브 파인 아츠 둘러보기 / 65쪽		13:30	마음이 편안해지는 소살리토에서 여유 부리기 / 152쪽
포트 포인트에서 금문교 바라보기 / 57쪽		14:30	
소살리토로 이동해 여유 부리기 / 152쪽		15:00	
		16:00	배터리 스펜서나 비스타 포인트에서 금문교 바라보기 / 57쪽
소살리토 구경 후 페리에 자전거 싣고 피셔맨스 워프로 돌아와 자전거 반납 / 64쪽		18:00	페리 타고 피셔맨스 워프로 이동 / 65쪽
		19:00	피어39로 이동하여 보딘 베이커리에서 저녁 식사하기(클램차우더 추천) / 65쪽

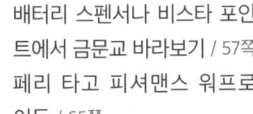

3일차

샌프란시스코

- **10:00** 숙소 주변 카페 또는 알라모 스퀘어 파크 근처의 더 밀에서 간단한 아침 식사하기 / 182쪽
- **11:00** 알라모 스퀘어 파크와 페인티드 레이디스 둘러보기 / 180쪽

도보 이동

- **13:00** 샌프란시스코에서 가장 힙한 헤이스 밸리로 이동하여 스택스에서 브런치 즐기기 / 70쪽
- **14:30** 헤이스 밸리 구경하고 카페에서 디저트 먹기 / 72쪽

도보 이동

- **16:00** 필모어 스트리트 구경하기 / 75쪽

우버 이용

- **19:00** 트윈 픽스에서 샌프란시스코 일몰 및 야경 즐기기 / 148쪽

우버 이용

- **20:00** 포린 시네마에서 저녁 식사하기(예약) / 127쪽

4일차

샌프란시스코

09:00	뮤니메트로를 타고 16번가 미션역(16th St, Mission Station)에서 하차
09:30	타르틴 베이커리에서 아침 식사하기 / 125쪽
10:30	벽화 거리 클라리온 앨리 구경하기 / 129쪽
도보 이동	
12:30	돌로레스 파크에서 피크닉 즐기기 / 122쪽

5일차

라스베이거스

11:00	라스베이거스 도착
우버 이용	
12:00	호텔 체크인
13:00	점심 식사하기(다양한 레스토랑이 있으므로 원하는 곳에서 식사)
15:00	스트립을 걸으며 화려한 라스베이거스 구경하기 / 79쪽
17:00	스트립과는 다른 분위기의 다운타운 프리몬트 스트리트 구경하기 / 80쪽
19:00	저녁 식사(스테이크 추천, 예약) / 89쪽
	예매한 쇼를 보거나 스트립을 걸으며 라스베이거스의 밤 즐기기 / 84쪽

그랜드캐니언 투어

일정이 열흘 안팎으로 짧거나 운전이 어려운 여행자라면 그랜드캐니언 투어를 추천한다(앤텔로프캐니언, 홀스슈 밴드 포함). 당일 투어, 1박 2일 투어, 헬기 투어 등이 있으니 일정과 개인의 여건을 고려하여 선택한다. 세계에서 가장 위대한 자연환경이라는 수식어를 충족하고도 남으니 직접 눈으로 보자. / 220쪽

한인 투어 예약 사이트 http://myrealtrip.com

현지 투어 예약 사이트 http://klasvegastour.com

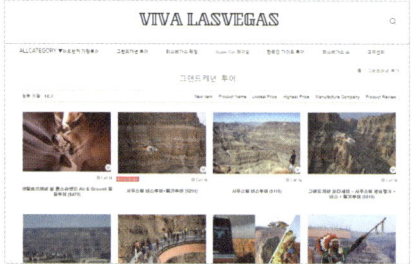

경비행기 투어 예약 사이트(시닉항공) http://grandcanyon.kr

7일차

라스베이거스 + 조슈아트리 국립공원 또는 로스앤젤레스

라스베이거스에서 로스앤젤레스까지 차로 이동하는 경우 약 6시간 소요된다. 운전하기 힘들다면 그레이하운드 또는 비행기로 이동한다. 라스베이거스에서 로스앤젤레스까지 비행기로 이동하고, 공항에서 렌터카를 빌리는 방법도 있으니 각각 편한 방법을 선택한다.

렌터카로 조슈아트리 국립공원으로 가는 경우

아침 식사	
호텔 체크아웃	
미리 지정한 곳에서 렌터카 픽업(라스베이거스 시내 곳곳에서 픽업 가능)	10:30
라스베이거스 웰컴 사인에서 인증 사진 찍기 / 85쪽	11:00
조슈아트리 국립공원으로 출발(약 3시간 30분 소요) / 242쪽	11:30
조슈아트리 국립공원 구경하고 은하수 보기. 캠핑으로 1박을 하는 경우에는 도착하자마자 캠핑 장소에 가서 텐트를 쳐야 한다.(약 1시간 소요) / 245쪽	15:00
팜스프링스로 이동하여 호텔 체크인 / 154쪽	
호텔 내 레스토랑에서 식사 또는 수영하기. 팜스프링스 호텔들은 대부분 밤늦게까지 수영장을 운영하므로 밤 시간을 수영장에서 보내기에 좋다. / 157쪽	

로스앤젤레스로 가는 경우

호텔 체크아웃	09:00
렌터카(또는 그레이하운드, 비행기) 타고 로스앤젤레스로 이동	10:00
로스앤젤레스 도착하여 숙소 체크인	16:00
인앤아웃에서 햄버거 먹기 / 45쪽	17:00
레이크 할리우드 파크에서 할리우드 사인 보기 / 164쪽	18:00
그리피스 천문대에서 <라라랜드> 추억하기 / 186쪽	19:00
	20:00
퍼치(루프톱)에서 라이브 공연 보며 로스앤젤레스의 밤 즐기기 / 51쪽	21:00

8일차

팜스프링스 또는 로스앤젤레스

팜스프링스

체크아웃 전까지 수영장에서 호캉스 즐기기 / 157쪽

체크아웃 후 엘머스 또는 노마스에서 브런치 즐기기 / 158쪽

팜스프링스를 더 구경하고 싶다면 팜스프링스 에어리얼 트램웨이-팜스프링스 다운타운 일정을 추천하며 로스앤젤레스로 가고 싶다면 바로 이동하면 된다. (약 2시간 소요) / 161쪽

로스앤젤레스 도착하여 숙소 체크인

레이크 할리우드 파크에서 할리우드 사인 보기 / 164쪽

로스앤젤레스

09:00 멜로즈 에비뉴의 프렌치 토스트 맛집 블루 잼 카페에서 아침 식사하기 / 98쪽

10:00 곳곳의 벽화 앞에서 사진 찍으며 멜로즈 에비뉴 구경하기 / 94쪽

렌터카로 약 15분 소요

12:00 빈티지 쇼핑의 천국 페어팩스 에비뉴 구경하기 / 99쪽

13:00 <라라랜드>의 명소 앤젤스 플라이트, 그랜드 센트럴 마켓에서 점심 식사하기 / 192쪽

14:00 <500일의 썸머>에 나온 브래드버리 빌딩, 미 서부의 대표적인 커피 전문점 블루보틀 커피에서 커피 마시기 / 202쪽

15:00

15:30 다양한 사진 스폿으로 유명한 더 라스트 북스토어 구경하기 / 203쪽

16:00 영화 <코코>의 배경지인 올베라 스트리트 구경하기 / 205쪽

	그리피스 천문대에서 <라라랜드> 추억하기 / 186쪽
	인앤아웃에서 저녁 식사하기 / 45쪽
	퍼치(루프톱)에서 라이브 공연 보며 로스앤젤레스의 밤 즐기기 / 51쪽

17:00 다양한 벽화가 있는 아츠 디 스트릭트에서 사진 찍기 / 205쪽
18:00
20:00 그로브 몰에서 쇼핑하기 / 99쪽
21:00 파머스 마켓에서 저녁 식사하기 / 99쪽

9일차

로스앤젤레스

- 10:00 에보키니의 더 부처스 도터에서 브런치 즐기기 / 106쪽
- 11:30 로스앤젤레스에서 가장 힙한 에보키니 구경하고 인텔리젠시아 커피에서 커피 마시기 / 102, 105쪽
- 14:00 베니스 운하/베니스 비치 구경하기 / 117쪽
- 17:00 산타모니카 비치에서 일몰 보기 / 110쪽
- 18:30 산타모니카에서 저녁 식사하기 / 114쪽
- 20:00 루프톱 시네마 클럽에서 영화 감상하기 (한정 시즌 운영) (http://rooftopcinemaclub에서 영화 시간표 미리 확인) / 50쪽

10일차

로스앤젤레스 → 인천국제공항

밤에 출발하는 경우
- 11:00 호텔 체크아웃 후 라인 호텔 카미세리(Commissary)에서 브런치 즐기기
- 13:00 할리우드 구경하기 / 169쪽
- 15:00 마마셸터(루프톱)에서 여유 즐기기 / 50쪽
- 17:00 공항 가는 길, 파더스 오피스에서 햄버거 먹기 / 47쪽
- 18:00 공항 도착(렌터카 반납)

햄버거 맛집

미국 서부를 대표하는 인앤아웃(In N Out) 버거

미국 동부(뉴욕)에 쉐이크쉑 버거가 있다면 서부에는 인앤아웃 버거가 있다. 한국에서도 어느 버거가 더 맛있나 설왕설래를 할 정도로 유명한 버거이다. 인앤아웃의 가장 큰 장점은 맛도 맛이지만 저렴한 가격으로, 미국 서부에서는 맥도널드의 아성을 뛰어넘는다. 당일 생산된 신선한 재료를 당일에 소진하는 방침으로 운행되며, 패티도 냉동이 아닌 냉장을 사용한다. 당연히 훌륭한 맛 때문에 현지인과 여행객 모두에게 사랑받는다.

인앤아웃 전경

인앤아웃 메뉴

인앤아웃의 시크릿 메뉴 프로틴 스타일 버거

애니멀 스타일 프렌치프라이

tip 인앤아웃에는 메뉴판에 적혀 있지 않은 시크릿 메뉴가 있는데, 프로틴 스타일 버거와 애니멀 스타일 프렌치프라이다. 프로틴 스타일 버거는 더욱 건강하게 즐기고 싶은 사람들을 위한 메뉴로 빵 대신 양상추로 패티와 부재료를 감싼 햄버거다. 양파를 추가하면 훨씬 맛있다. 애니멀 스타일 프렌치프라이는 그야말로 고칼로리를 말하는데, 감자 튀김 위에 치즈, 베이컨, 양파, 사우전 아일랜드 드레싱을 푸짐하게 올려 보기만 해도 침샘을 자극한다.

샌프란시스코를 대표하는 슈퍼 두퍼 버거 Super Duper Burgers

샌프란시스코의 대표적인 수제 버거 맛집으로 시내 곳곳에서 볼 수 있다. 한국 사람들도 좋아해 샌프란시스코에 가면 반드시 들르는 곳 중 하나이다. 크기에 따라 '미니'와 '슈퍼' 두 종류로 나뉘며 토핑을 다양하게 추가할 수 있다. 프렌치프라이에도 치즈를 추가할 수 있다.

슈퍼 두퍼 버거

다양한 토핑을 추가한 햄버거와 치즈를 추가한 프렌치프라이

피셔맨스 워프 지역 사람들에게 사랑받는 고츠 버거 Gott's Burger

고츠 버거는 샌프란시스코 페리 빌딩에 위치한 수제 버거 맛집으로 점심 시간에는 근처에서 일하는 직장인들로 발 디딜 틈이 없다. 두툼한 패티와 푸짐한 재료가 들어간 햄버거뿐만 아니라 샌드위치도 판매한다. 김치가 들어간 버거도 있고, 사이드 메뉴로는 어니언링을 추천한다.

고츠 버거에서 주문한 메뉴들

로스앤젤레스에서 가장 맛있는 버거, 파더스 오피스 Father's office

로스앤젤레스에 위치한 파더스 오피스는 수많은 종류의 수제 맥주를 판매하는 탭하우스이다. 맥주도 유명하지만 수제 버거 하나만으로도 큰 인기를 끄는 곳이다. 버거 메뉴는 딱 한 가지뿐이다. 일반 햄버거처럼 둥근 모양이 아니라 길쭉한 번으로 만들어 큰 편이다. 로스앤젤레스에서 가장 맛있게 먹은 음식 중 하나로 한국인이라면 누구나 좋아할 버거라고 확신한다. 사이드 메뉴로는 고구마 튀김을 강력 추천한다.

파더스 오피스 전경

파더스 오피스 버거

파더스 고구마 튀김

미 서부의 대표 커피, 블루보틀 커피 Blue Bottle Coffee

한국에도 상륙한 미국에서 가장 유명한 카페 중 하나인 블루보틀 커피의 본점은 바로 샌프란시스코 민트 스트리트에 있다. 커피 맛뿐만 아니라 심플한 인테리어에 파란색 병 모양 심벌마크로 유명하다. 원두, 텀블러, 머그잔 등 선물용으로 좋은 다양한 상품도 있다. 블루보틀 커피는 엄격한 품질 관리로 유명한데, 직접 로스팅한 유기농 원두를 친환경 봉투에 담아 48시간 이내에 도착할 수 있는 지역에만 공급한다. 샌프란시스코뿐만 아니라 로스앤젤레스에도 지점이 있다.

블루보틀 커피

블루보틀 커피 다음으로 유명한 리추얼 커피 로스터스 Ritual Coffee Roasters

샌프란시스코의 미션 지역과 헤이스 밸리에 있는 리추얼 커피는 블루보틀 커피와 함께 샌프란시스코의 커피 문화를 이끌어가는 전문점 중 하나이다. 블루보틀 커피와 마찬가지로 그해 수확한 원두를 직접 로스팅해 로컬 카페에 공급한다.

리추얼 커피 로스터스의 헤이스 밸리 지점

감각적인 카페, 포배럴 커피 Four Barrel Coffee

커피를 좋아하는 여행자에게 샌프란시스코는 그야말로 천국이다. 블루보틀 커피와 리추얼 커피 외에도 커피 맛이 좋은 로컬 카페가 많다. 그중 가장 추천하고 싶은 곳은 미션 지역에 위치한 포배럴 커피이다. 감각적인 음악은 이 카페를 훨씬 더 근사한 곳으로 만들어준다. 음악을 들으며 커피 한잔의 여유를 즐기기에 너무 좋은 곳이다.

주소 375 Valencia St, San Francisco, CA
홈페이지 fourbarrelcoffee.com
전화번호 +1 415-896-4289
운영시간 07:00-20:00

버블티 전문점 보바 가이즈 Boba Guys

커피를 즐겨 마시지 않는 나에게 샌프란시스코에서 가장 맛있는 카페를 하나만 꼽으라고 하면 단연 보바 가이즈이다. 이곳의 시그니처 메뉴인 스트로베리 말차 라테는 우리나라에 들어오고 싶을 정도로 너무 맛있다. 밀크티나 버블티를 즐기는 사람이라면 누구나 좋아할 만한 카페이니 꼭 방문해보자. 샌프란시스코 곳곳에서 어렵지 않게 찾을 수 있다.

주소 429 Stockton St, San Francisco, CA
홈페이지 bobaguys.com
전화번호 +1 415-967-2622
운영시간 일~목요일 9:00-21:00 금요일 9:00-21:00 토요일 12:00-22:00

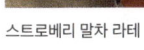
스트로베리 말차 라테

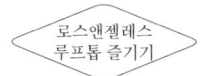

마마셸터 Mama Shelter

할리우드 거리에 위치한 호텔 마마셸터는 알록달록하고 예쁜 5층의 루프톱으로 더 유명한 곳이다. 힙한 장소답게 현지인들로 가득하며 예쁜 사진을 찍고 싶은 여행자들에게 추천하는 곳이다.

주소 6500 Selma Ave, Los Angeles, CA
전화번호 +1 323 785 6600
홈페이지 http://mamashelter.com
운영시간 월~목요일 12:00~24:00, 금요일 11:30~02:00, 토요일 11:00~02:00, 일요일 11:00~24:00
가격 칵테일 $15~20

루프톱 시네마 클럽 Rooftop Cinema Club

옥상에서 영화를 볼 수 있는 장소로 봄이나 여름 밤 이곳에서 보는 〈라라랜드〉는 가슴을 뛰는 황홀함을 선사한다. 상영 날짜가 여행 기간과 맞는다면 꼭 들러보자.

주소 6121 Sunset Blvd, Los Angeles, CA
전화번호 +1 863 434 8725
홈페이지 http://rooftopcinemaclub.com
운영시간 한정 시즌에만 운영하므로 홈페이지에서 반드시 영화 상영 시간표를 확인한다.

멜로즈 시어터 Melrose Theatre

루프톱 시네마 클럽과 마찬가지로 야외에서 영화를 볼 수 있는 곳이다. 이곳도 매년 4월에 오픈하므로 반드시 영화 상영 시간표를 미리 확인한다.

주소 603 N La Cienega Blvd, West Hollywood, CA
전화번호 +1 877 435 9849
홈페이지 http://melrserooftopcinema.com
운영시간 한정 시즌에만 운영하므로 홈페이지에서 반드시 영화 상영 시간표를 확인한다.

퍼치 Perch

로맨틱한 저녁에 어울리는 루프톱 레스토랑 겸 바이다. 주말에는 라이브 공연이 펼쳐져 로스앤젤레스의 완벽한 밤을 선물한다.

주소 448 S Hill St, Los Angeles, CA
전화번호   +1 213 802 1770
홈페이지 http://perchla.com
운영시간 월~수요일 16:00~01:00, 목~금요일 16:00~02:00, 토요일 10:00~01:00, 일요일 10:00-01:00

Enjoy _____
_____ traveling

bucket list 1

금문교의 낮과 밤을
두 눈에 담기

| 샌프란시스코 |

도시마다 그곳을 대표하는 랜드마크가 있다. 뉴욕의 자유의여신상, 파리의 에펠탑, 샌프란시스코의 금문교가 그것이다. 샌프란시스코를 상징하는 금문교는 미리 찾아보지 않아도 자연스럽게 버킷리스트에 포함된다. 많은 여행자들이 '샌프란시스코는 곧 금문교다'라고 하듯이 말이다. 매력 넘치는 장소들이 너무 많아 '샌프란시스코에서 어디가 제일 좋았어?'라는 물음에 '금문교'라는 답이 나오지 않더라도 전혀 이상하지 않다. 그럼에도 불구하고 금문교는 샌프란시스코를 이야기할 때 빼놓을 수 없는 곳이다.

아름다운 금문교의 야경

금문교
Golden Gate Bridge

샌프란시스코의 상징이자 명물인 금문교는 1937년에 만들어졌다. 샌프란시스코와 소살리토(Sausalito)가 있는 마린 카운티(Marin County)를 연결하며 길이는 약 2,800미터이다. 건설 당시 '세계에서 가장 긴 다리'라는 타이틀과 함께 토목 건설의 신화와 꿈을 상징하는 대명사였다고 한다. 태평양과 샌프란시스코만을 잇는 골든게이트 해협(Golden Gate Strait)에서 다리 이름을 따왔다. 골든게이트 해협을 가로지르는 다리가 금문교인 것이다. 샌프란시스코는 안개가 잦아 멀리서도 눈에 잘 띄는 오렌지색으로 다리의 색깔을 정했다.

주소 Golden Gate Bridge, San Francisco, CA
전화번호 +1 415 921 5858
홈페이지 http://goldengate.org

금문교 뷰포인트
Golden Gate Bridge Viewpoint

금문교는 어디에서 바라보든 아름다운 풍광을 선사한다. 특히 해질 무렵이면 일몰과 야경이 어우러진 더 멋있는 풍경을 볼 수 있다. 높은 곳은 바람이 많이 불고 추울 수 있으니 단단히 대비하자!

금문교를 남쪽에서 바라보는 포트 포인트(Port Point)

금문교 아래쪽에서 아치 철골 구조와 해안 풍경을 가까이 볼 수 있는 뷰포인트이다. 샌프란시스코에서 자전거를 타거나 걸어서 금문교를 건넌다면 굳이 길을 찾지 않아도 반드시 마주하게 된다.

포트 포인트에서 바라본 금문교(출처 출처 unsplash @Umer Sayyam)

금문교 북쪽에 위치한 비스타 포인트(Vista Point)

금문교를 건너 샌프란시스코의 스카이라인을 한눈에 볼 수 있는 뷰포인트이다. 안개 낀 모습도 좋지만 화창한 날이면 파란 하늘과 바다가 어우러진 금문교의 모습이 더 아름답다.

비스타 포인트에서 바라본 금문교(출처 unsplash @Joseph Barrientos)

> **tip** 샌프란시스코에서 금문교를 건너기 전에도 비스타 포인트가 있지만, 여기서 말하는 곳은 금문교를 건너서 H. 다나 보어 휴게소(H. Dana Bower Rest Area)에 있는 비스타 포인트를 말한다.

호크힐에서 바라본 금문교의 야경(출처 unsplash - Anurag Jain)

호크힐(Hawk hill)

포트 포인트, 비스타 포인트와 삼각형을 이루는 지점에 위치한 호크힐에서는 바다에 둘러싸인 금문교를 볼 수 있다. 렌터카나 우버를 이용하는 것이 좋은데, 호크힐을 향해 오르막을 달리면 발아래로 금문교를 감상할 수 있다.

 주소 Conzelman Rd, Sausalito, CA

> **tip** 금문교를 건너 컨젤먼 로드(Conzelman Rd)를 달리다 보면 쉽게 만날 수 있다. 우버 사용법 34쪽 참고

배터리 스펜서 포인트에서 바라본 금문교 야경

배터리 스펜서 포인트(Battery Spencer Point)

샌프란시스코의 스카이라인보다는 금문교에 초점을 맞춰 대각선으로 크게 볼 수 있다. 개인적으로 가장 추천하는 뷰포인트이다.

주소 Conzelman Rd, Sausalito, CA
전화번호 +1 415-561-4700

트레저 아일랜드에서 바라본 샌프란시스코 야경

트레저 아일랜드(Treasure Island)

샌프란시스코만 정가운데 있는 작은 섬으로, 금문교와 샌프란시스코 전경을 한눈에 바라보기 가장 좋은 곳이다. 여기에서 바라보는 샌프란시스코와 금문교의 야경은 정말 아름답다. 하지만 샌프란시스코-오클랜드 베이 브리지(San Francisco-Oakland Bay Bridge)를 건너고, 예르바 부에나 섬(Yerba Buena Island)을 거쳐 가야 하므로 렌터카나 우버 이용을 추천한다.

special
금문교 횡단하기

미 서부 여행에서 꼭 방문해야 하는 금문교를 직접 느끼려면 반드시 건너보아야 한다. 다음에서 제시하는 여러 가지 방법 중 여건과 상황에 따라 선택해보자.

도보

걸어서 금문교를 건너는 데 약 50분 정도 걸린다. 자동차나 자전거에 비해 여유롭게 샌프란시스코의 풍경을 감상할 수 있다. 그러나 바닷바람이 꽤 차가워 체력이 걱정된다면 자전거나 대중교통을 이용하자.

자전거

가장 많이 이용하는 교통수단으로, 금문교에 오르기 전까지 해안 풍경을 즐길 수 있으며 소살리토 쪽으로 가는 내리막길은 개인적으로 최고의 코스라고 말하고 싶다. 하지만 엄청난 체력 소모와 근육통이 뒤따라 다음 날 여행에 차질이 생길 수도 있으니 이 또한 체력이 좋은 사람들에게 추천한다.

tip 자전거 렌트 홈페이지(Http://bikerentalsanfrancisco.com)를 이용한다. 구글 크롬(Chrome) 브라우저에서 홈페이지를 열면 한글로 번역해서 볼 수 있다.

대중교통

유니온 스퀘어 (Union Square) → 케이블카 파웰-하이드(Powell-Hyde) 노선 → 노스포인트 스트리트 & 하이드 스트리트 (North Point St & Hyde St) → 30번 버스 (사거리에서 승차) → 라구나 스트리트 & 체스트넛 스트리트 (Laguna St & Chestnut St) → 28번 버스 (사거리 모퉁이)에서 승차 → 금문교

tip 케이블카는 샌프란시스코의 가장 유명한 관광 코스로, 공중을 운행하는 것이 아니라 도로에 레일이 깔려 있고 케이블을 감아올리며 움직이는 철도 차량이다. 시민들의 교통수단이기보다 관광객들의 호기심을 충족하는 명물로, 3개 노선에 총 25킬로미터 구간을 운행한다. 샌프란시스코 케이블카 노선도 142쪽 참고

시티투어 버스

시티투어 버스 2일권을 사면 샌프란시스코 곳곳은 물론 금문교와 소살리토까지 이용할 수 있다. 2일 동안 지정 정류소에서 자유롭게 승하차하며 금문교를 비롯해 샌프란시스코 핫스폿을 편하게 모두 즐길 수 있다.

다만 금문교만 여행한다면 비용 부담이 크니 케이블카, 뮤니 버스 등 다른 교통수단을 이용해도 좋다. 가격은 투어 버스 회사와 패키지마다 다르므로 홈페이지를 참고하자. 현장 구매보다 홈페이지를 이용하면 더 저렴하다.

빅버스 샌프란시스코
http://www.bigbustours.com/en/san-francisco

시티사이트싱 샌프란시스코
http://www.city-sightseeing.us/en

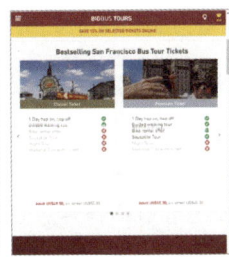

페리(유람선)

금문교를 직접 건너는 방법은 아니지만 소살리토까지 갈 수 있는 교통수단이다. 도보나 자전거, 대중교통을 이용해 금문교를 건넜다면 돌아오는 길은 페리를 추천한다. 피어 39(Pier39, 39번째 방파제)에서 출발하는 블루 & 골드 플리트(Blue & Gold Fleet), 피셔맨스 워프(Fisherman's Wharf)에서 출발하는 레드 & 화이트 플리트(Red & White Fleet)가 있으며 시간표를 잘 확인하고 이용하자.

달러($)

대상	목적지	락스퍼 (Larkspur)	소살리토 (Sausalito)	티뷰론 (Tiburon)
성인(19-64세)		12.50	13.00	13.00
클리퍼(Clipper) 교통카드 소지한 성인(19-64세)		8.00	7.00	7.00
어린이(5-18세)/노인(65세 이상)/장애인(장애인증 소지자)		6.25	6.50	6.50
유아(4세 이하)		무료	무료	무료

자동차

렌터카를 이용하는 방법도 있다. 샌프란시스코에서 나갈 때는 통행료가 없지만 다시 들어올 때는 통행료($7.50)를 지불해야 한다. 요금을 받는 곳이 따로 없고 전자식 통행료 시스템으로 직접 결제하는데 금문교를 지나기 30일 전부터 통행 후 48시간 이내에 반드시 해야 한다. https://bayareafastrak.org에서 신용카드로 결제하거나 ARS 877-229-8655에서 신용카드나 현금으로 결제한다.

우버

가장 편한 방법이다. 출발지에서 우버를 타고 금문교를 건너 소살리토까지 가는 데 약 $20 정도다. 개인적으로 샌프란시스코로 돌아올 때는 페리를 이용할 것을 추천한다.

tip 우버 사용법 34쪽 참고

course
1일 코스

피셔맨스 워프 Fisherman's Wharf (137쪽)

- 19세기 중반 캘리포니아에 골드러시(새로운 발견된 금 산지로 많은 사람이 몰려드는 현상)가 한창일 때 이탈리아 출신 어부들이 게를 잡기 시작하면서 성장한 항구이다. 각종 해산물 요리를 파는 가게들이 많다. 여기서 자전거를 빌려 여행할 것을 추천한다. 인터넷으로 예약하면 더 저렴하게 이용할 수 있다.

tip 자전거 렌트 홈페이지 : Http://bikerentalsanfrancisco.com

보딘 베이커리 Boudin Bakery

주소 Baker's Hall, 160 Jefferson St, San Francisco, CA
전화 +1 415 928 1849
운영시간 매일 08:00-21:00

- 샌프란시스코의 대표 음식 클램차우더 수프로 유명한 곳이다. 보딘 베이커리에 들러 든든하게 배를 채우고 출발하면 더욱 좋은 일정이 될 것이다.

팰리스 오브 파인 아츠 Palace of Fine Arts

주소 3601 Lyon St, San Francisco, CA
전화 +1 415 563 6504
운영시간 매일 10:00-17:00

- 미국에서 고대 그리스와 로마 시대 모습의 건축물을 볼 수 있어 조금은 신기하고 낯설게 느껴지는 곳이다. 유럽풍 건축물과 호수, 초록의 잔디와 나무들이 조화를 이뤄 웨딩 촬영지로 많이 방문한다. 인생 사진을 찍기에 최적화된 곳이기도 하다.

포트 포인트 (57쪽)

팰리스 오브 파인 아츠 전경
(출처 unsplash @James Hartono)

금문교 (56쪽)

주소 Golden Gate Bridge, San Francisco, CA
전화번호 +1 415 921 5858
홈페이지 http://gate.org

소살리토 (132쪽)

- 여기까지 와서 돌아갈 때는 페리를 이용할 것을 추천한다. 자전거를 페리에 싣고 돌아갈 수 있다.

Enjoy traveling

bucket list 2

화창한 날 헤이스 밸리에서 브런치 먹기
| 샌프란시스코 |

미국 도시의 매력 중 하나는 브런치를 즐기기에 최적화된 곳이 많다는 것이다. 아침 일찍 문을 여는데도 이른 시간에 이미 자리가 꽉 차곤 한다.
'브런치=야외'라는 공식이라도 있는 것처럼 따뜻한 햇살을 받으며 식사할 수 있는 식당과 카페들도 많다. 샌프란시스코에서 눈에 띄는 동네는 헤이스 밸리다. 브런치 식당은 물론 이름만 들으면 알 법한 유명 카페와 상점들이 모여 있어 현지인들도 주말을 즐기거나 여유를 부릴 때 많이 찾는다.
다른 나라 도시의 소위 힙한 동네에 '어디의 가로수길'이라는 수식어를 붙이곤 하는데 헤이스 밸리는 가히 샌프란시스코의 가로수길이라 할 만하다. 핫플레이스가 아닌 소소한 카페, 유명 브랜드 매장이 아닌 이름 모를 공예가들과 장인들의 향기가 물씬 풍기는 로컬 숍으로 가득 채워져 있다.

헤이스 밸리
Hayes Valley

폭이 좁고 길이가 긴 공원을 사이에 두고 양옆으로 파스텔 톤의 건물들이 쭉 늘어선 옥타비아 스트리트(Octavia St)를 걷다 보면, 예쁜 카페와 식당, 상점들로 가득한 헤이스 스트리트(Hayes St)와 만나게 되는데, 이곳을 통틀어 헤이스 밸리라고 한다.

헤이스 밸리는 원래 범죄가 빈번했던 곳이었는데, 아일랜드계 이민자들이 정착하면서 지금의 모습이 갖춰졌다. 그렇기에 헤이스 밸리는 영국의 빅토리아 시대(1837~1901)와 에드워드 시대(1901~1910) 양식의 파스텔 톤 건물이 많고, 거리 곳곳에서 개성 있는 벽화들을 볼 수 있다.

샌프란시스코 여행 중에 유난히 날씨가 좋은 날이면 반드시 가봐야 할 곳이 헤이스 밸리다. 현지인이 많이 찾는 곳이다 보니 주말보다 주중에 여유롭게 헤이스 밸리 구석구석을 둘러볼 수 있다. 주말에 사람들이 많지만 플리마켓과 각종 거리 공연이 넘쳐나 더 다양한 분위기를 느낄 수 있다.

헤이스 밸리 거리

헤이스 밸리 광장에서 바라본 거리 풍경

주소 지정된 주소가 없으므로 구글맵에서 Hayes Valley 또는 Patricia's Green(공원)을 검색한다. Fell St & Octavia Blvd, San Francisco, CA(Patricia's Green)
전화번호 +1 415 274 0291(Patricia's Green)
홈페이지 http://sfrecpark.org
가는방법 뮤니메트로 : J, K, T, M, N line Van Ness Station에서 하차 후 도보 9분 / 우버 : F line Market St & South Van Ness Avenue Station에서 하차 후 도보 8분 / 뮤니버스 : Haight St & Gough Station에서 하차 후 도보 5분

스택스
Stacks

스택스의 대표 메뉴 에그베네딕트

길을 걷다 예쁜 외경이 너무 맘에 들어 브런치를 즐겼는데, 알고 보니 샌프란시스코에서 상당히 유명한 브런치 레스토랑이었다. 스택스는 샌프란시스코 3대 브런치 레스토랑 중 하나이다. 화창한 날 야외 테이블에 앉아 먹었던 브런치는 지금도 가끔 생각난다. 다양한 메뉴가 있고 양도 넉넉한 편이다. 팬케이크와 미국식 오믈렛이 유명하다

주소 501 Hayes St, San Francisco, CA
전화번호 +1415 241 9011
홈페이지 http://stacksrestaurant.com
가격 $15~30

헤이스 밸리의 야외 영화관 프록시
Proxy

매주 금요일이면 헤이스 밸리 중앙 광장에서 야외 영화 상영을 한다. 9월에는 가을 영화 페스티벌, 6월에는 재즈 페스티벌 등의 소규모 축제도 열린다. 홈페이지(http://proxysf.net)에서 영화 상영 시간표를 확인하고 헤이스 밸리를 방문하면 더 특별한 추억을 만들 수 있다. 헤이스 밸리는 파스텔 톤의 건물과 벽들이 가득해 어디서든 예쁜 사진을 많이 찍을 수 있다. 파스텔 톤 벽이나 건물에 가까이 붙어 찍으면 더 잘 나온다.

분홍색 벽 앞에서 찍은 사진

야외 영화관 프록시의 스크린

special
다양한 로컬 푸드

솔트 & 스트로(Salt & Straw)

헤이스 밸리에는 유명한 아이스크림 가게가 2곳 있는데, 하나는 공원에 조그맣게 자리 잡은 스미튼(Smitten)이고 다른 하나는 솔트 & 스트로이다. 포틀랜드에서 처음 시작했으며 현재는 로스앤젤레스와 시애틀에도 분점이 생겨날 정도로 사람들의 입맛을 사로잡고 있다. 솔트 & 스트로의 아이스크림이 다른 곳과 차별되는 점은 쫀득쫀득한 식감이다. 젤라토와는 느낌이 달라 한입 먹으면 '오!'라는 감탄사가 나올 정도로 특별한 맛이다. 추천하는 맛은 시솔트와 라벤더!

솔트 & 스트로 아이스크림

주소 586 Hayes St, San Francisco, CA
전화번호 +1 415 549 7445
홈페이지 http://saltandstraw.com
가격 $5~10

델 포폴로(Del Popolo)

헤이스 밸리 중앙 광장에는 작지만 힙한 카페와 상점들이 모여 있다. 특히 주말이면 그곳을 더욱 활기차게 만드는 것이 있으니, 바로 피자 푸드트럭이다. 많은 사람들이 피자를 사서 의자에 앉아 담소를 나누며 먹는다. 분위기 때문인지 흔하디 흔한 피자가 더욱 맛있게 느껴진다.

주말이면 헤이스 밸리 광장에 활기를 불어넣는 델 포폴로 푸드트럭

주소 432 Octavia St, San Francisco, CA
가격 $10~20

리추얼 커피 로스터스(Ritual Coffee Roasters)

헤이스 밸리 중앙 광장에 위치해 있으며 커피 맛이 좋기로 유명한 카페 중 하나이다. 가게 안이 협소해 대부분 광장에 놓인 의자에 앉아 커피를 즐긴다. 카페 안에서 여유롭게 앉아 시간을 보내기는 어렵지만 맛있는 커피를 마실 수 있어 많은 사람들이 찾는다.

주소 432b Octavia St, San Francisco, CA
전화번호 +1 415 865 0989
홈페이지 http://ritualroasters.com
가격 $4~6

헤이스 밸리 중앙 광장에 위치한 작은 리추얼 커피 로스터스

course

1일 코스

하루 정도 시간을 내어 골목골목을 누비며 도시 여행을 즐겨보자. 여기서 소개하는 3곳은 모두 도보로 이동 가능하다. 다리는 조금 아플 수 있지만 멋진 추억을 갖게 될 것이다.

알라모 스퀘어 파크 / 페인티드 레이디스 (180쪽)

주소 Steiner St & Hates St, San Francisco, CA
전화번호 +1 415 218 0259
홈페이지 http://sfrecpark.org
가는 방법 렌터카 / 우버 / 뮤니버스 Hayes St & Steiner St 하차 후 도보 2분
운영시간 매일 05:00-24:00

헤이스 밸리 (68쪽)

주소 지정된 주소가 없으므로 구글맵에서 Hayes Valley 또는 Patricia's Green(공원)을 검색한다. Fell St & Octavia Blvd, San Francisco, CA (Patricia's Green)
전화번호 +1 415 274 0291 (Patricia's Green)
홈페이지 http://sfrecpark.org
가는방법 뮤니메트로 : J, K, T, M, N line Van Ness Station에서 하차 후 도보 9분 / 우버 : F line Market St & South Van Ness Avenue Station에서 하차 후 도보 8분 / 뮤니버스 : Haight St & Gough Station에서 하차 후 도보 5분
· 알라모 스퀘어 파크, 필모어 스트리트와 함께 걸어볼 것을 추천!

필모어 스트리트 Fillmore Street

위치 구글 지도에서 Fillmore St 검색
· 헤이스 밸리와 비슷한 분위기의 거리로 곳곳에 노천 카페, 파스텔 톤의 예쁜 건물, 벽화들이 있어 걷기만 해도 기분이 좋아지는 곳이다. 헤이스 밸리보다 조용하고 차분하며 라이브 클럽이나 바가 많아 밤이 되면 들뜨고 신나는 분위기를 선사한다. 매년 7월에 열리는 필모어 재즈 페스티벌은 미국 서부에서 규모가 가장 큰 축제이다.

bucket list 3

라스베이거스의
화려한 밤거리 걸어보기

여행을 가서도 가끔은 아무것도 하지 않고 그저 쉬고 싶을 때가 있다. 라스베이거스는 그런 바람을 잠깐이나마 최대치로 실현해줄 장소이다. 이동 거리가 길지도 않고, 특정한 스폿이 있는 곳도 아니어서 낮에는 호캉스를 즐기고 저녁에는 거리를 활보하며 먹고 보고 쉬는 것으로 계획을 잡으면 된다.
라스베이거스 하면 밤이다. 반짝이는 불빛 아래서 화려한 밤 문화를 즐기다 보면 어느새 영화 속 주인공이 된 듯한 기분이다.

라스베이거스 메인 스트립의 화려한 밤거리(출처 unsplash @Daniil Vnoutchkov)

라스베이거스 스트립의 밤거리

라스베이거스 스트립
Las Vegas Strip

라스베이거스 스트립은 세계에서 가장 화려하고 아름다운 밤거리로 유명하다. 우리가 흔히 알고 있는 라스베이거스의 모습이 중앙에 위치한 메인 스트립이다. 라스베이거스 대로 남쪽으로 약 6.1킬로미터 이어진 긴 구간을 라스베이거스 스트립이라고 하며, 거리 양옆에 즐비한 호텔들은 다양한 테마와 개성으로 저마다의 위용을 뽐낸다. 그 자체로 라스베이거스의 관광 상품이자 엔터테인먼트 명소이기도 한 호텔들은 제각기 다양한 쇼를 제공한다. 쇼를 보지 않더라도 라스베이거스 스트립을 걸으며 유명 호텔의 화려한 외관을 비교해보는 것만으로도 색다른 즐거움을 느낄 수 있다. 다양한 레스토랑과 브랜드 숍이 입점한 호텔 내부를 구경하는 것만으로도 하루가 훌쩍 지나간다.

위치 Las Las Vegas Strip 검색
가는 방법 맥캐런(McCarran) 공항에서 Westcliff Airport Express(WAX)를 타거나(1인당 $2, 05:30-22:30) 우버 또는 렌터카로 이동.

프리몬트 스트리트
Fremont Street

다운타운에 위치한 프리몬트 스트리트는 반드시 들러야 하는 거리다. 메인 스트립의 수많은 고층 호텔과 건물들에 비하면 초라하게 느껴질 수도 있지만, 빈티지하고 클래식한 감성이 가득해 오래 전 미국의 모습을 그대로 보여준다. 현재 미국의 장년층이 젊은 시절에 신혼 여행지로 각광받았던 곳이 바로 라스베이거스이다. 지금의 프리몬트 스트리트는 그때의 모습을 간직하고 있어 그 시절을 추억하는 사람들에게 향수를 불러일으킨다.

프리몬트 스트리트 전경

프리몬트는 라스베이거스 스트립에 비해 친숙한 분위기여서 편안하고, 각종 공연과 퍼포먼스 등의 구경거리가 많다. 프리몬트 스트리트는 450미터 길이의 아치형 지붕이 씌워진 보행자 전용도로에 수많은 상점들이 모여 있다. 천장에 설치된 LED 디스플레이로 펼쳐지는 '프리몬트 스트리트 익스피리언스(Fremont Street Experience)' 혹은 '비바 비전(Viva Vision)'이라는 전구쇼가 매일 밤 장관을 이룬다. 오래된 라스베이거스의 다운타운을 활기 넘치게 바꿔준 데 큰 공헌을 한 명물인 프리몬트 전구쇼는 초 단위로 계속 색이 바뀌는 화려한 조명들과 신나는 음악이 사람들의 눈과 귀를 사로잡는다. 개인적으로 라스베이거스에서 가장 추천하는 무료 쇼이다.

주소 Fremont St, Las Vegas, LV
가는방법 라스베이거스 스트립에서 우버나 렌터카로 라스베이거스 프리웨이(Las Vegas Fwy)를 달리다가 라스베이거스 익스프레스웨이(Las Vegas Expy), 라스베이거스 블러바드 노스(Las Vegas Blvd N)를 차례로 달린다. 20분 소요
프리몬트 전구쇼 매일 해 진 후(보통 6시부터) 밤 12시까지 매시 정각에 시작된다.
비용 무료

프리몬트 스트리트 익스피리언스 전구쇼

주소   425 Fremont St #160, Las Vegas, NV
홈페이지   vegasexperience.com
전화번호   +1 702-678-5780
운영시간   PM12:00~AM12:00
가격   어퍼 줌라인 : 오픈부터 17:40까지 $40, 18시 이후 $45(금~토요일 야간 $49) / 로어 짚라인 : 오픈부터 17:40까지 $20, 18시 이후 $25

짚라인을 타는 모습(출처 unsplash @NeoONBRAND)

슬랏질라 짚라인
Slotzilla Zipline

프리몬트 스트리트에는 전구쇼 말고도 유명한 것이 하나 더 있다. LED 천장을 가로지르며 스피드를 즐길 수 있는 슬랏질라 짚라인이다. 슬랏질라는 114피트(약 34미터, 아파트 10층) 높이에서 누워 시속 40마일(약 64킬로미터)로 프리몬트 스트리트 위를 가로질러 날아가는 어퍼 줌라인(Upper Zoomline)과 77피트(약 24미터) 높이에서 일반적인 앉은 자세로 출발하는 로어 짚라인(Lower Zipline) 2가지가 있다. 슬랏질라 짚라인은 자연이 아닌 도심 한가운데서 화려한 LED 전구쇼를 감상하며 인파들 위로 지나가는 스릴을 경험할 수 있다는 점이 가장 큰 매력이다.

tip https://tickets.vegasexperience.com에서 예약하는 것이 좋다. 사진 및 영상 촬영은 절대 금지다. 밑에 사람들이 지나다니고 있기 때문에 장비가 떨어지면 위험할 수 있어 휴대가 금지되어 있다. 영상 촬영을 원한다면 직원이 헬멧에 고프로를 달아준다($15 추가).

하이롤러(대관람차)
High Roller

주소 3545 S Las Vegas Blvd, Las Vegas, NV
전화번호 +1 702 322 0593
홈페이지 http://caesars.com
운영시간 매일 11:30-02:00
요금 주간 성인 $35, 13세 미만 $10 / 야간 성인 $37, 13세 미만 $20

더 링큐(The LINQ) 호텔에 위치한 하이롤러는 세계에서 가장 높고 큰 관람차로 기네스북에 등재되어 있다. 한 바퀴를 도는 데 30여 분이 소요될 정도로 어마어마한 규모다. 모든 관람차가 그렇듯 낮보다 밤에 탈 것을 추천하는데, 가장 높은 곳에서 화려하게 반짝이는 라스베이거스의 야경을 내려다볼 수 있다. 관람차를 타고 요가를 배우는 코스도 있는데 홈페이지에서 예약하면 된다. 하이롤러는 일반적인 관람차와 달리 하나의 캡슐에 최대 40명까지 탈 수 있어 혼자 또는 단둘이 오붓하게 즐기고 싶다면 고려해봐야 한다. 더 링큐 호텔에는 최근 오픈한 플라이 링크 짚라인도 있으니 스릴을 즐기고 싶은 여행자들에게 추천한다.

더 링큐 호텔에 위치한 하이롤러(출처 unsplash @Tim Trad)

special
라스베이거스에서 즐기는 화려한 쇼

라스베이거스에서 펼쳐지는 유료 쇼는 셀 수 없을 만큼 다양하다. 화려한 쇼로 유명한 라스베이거스에 온 만큼 자신의 취향에 맞는 공연을 하나 정도 관람할 것을 추천한다. 라스베이거스 공연 시간표는 http://vegas.com에서 한눈에 볼 수 있다. 현장 구매도 가능하지만 주말에 볼 계획이라면 미리 예매하자. 다음은 라스베이거스 3대 쇼라 일컫는 대표적인 공연이다. 사진 촬영이 금지된 쇼가 많아 사진을 소개할 수 없는 것도 있다.

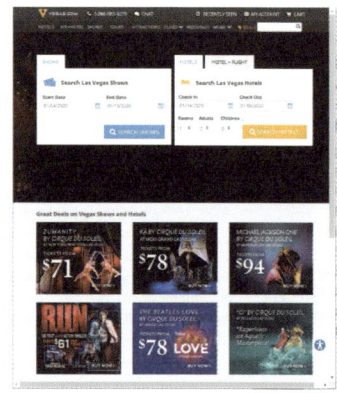

르레브쇼(LeReve Show)

물이 담긴 원형 무대에서 펼쳐지며 시야를 가리는 좌석이 없어 더 인기가 많다. 결혼을 앞둔 여자의 꿈속에서 펼쳐지는 사랑 이야기를 다루고 있으며, '르레브'가 프랑스어로 '꿈'을 의미하는 만큼 공연 자체가 몽환적이고 환상적이다. 르레브쇼는 사진 촬영이 가능하다.

화려한 르레브쇼

오쇼(O Show)

우리나라에도 많이 알려진 태양의 서커스에서 물을 테마로 만든 최초의 쇼이다. 순식간에 물이 차오른 무대 위에서 펼쳐지는 크루들의 역동적인 모습을 눈앞에서 직접 관람할 수 있다.

카쇼(Ka Show)

오쇼와 마찬가지로 태양의 서커스에서 불을 테마로 만든 쇼이다. 오쇼가 추상적인 내용을 소재로 내용 없이 단지 눈으로만 즐기는 쇼인 것에 반해 카쇼는 권선징악의 이야기를 담고 있다. 거대한 규모와 섬세한 움직임, 눈과 귀를 사로잡는 화려한 스케일에 긴박감까지 더해 즐거운 공연을 선사한다.

> **tip** 라스베이거스 웰컴 사인(Las Vegas Welcome Sign)
> 라스베이거스 여행이 시작되는 스트립 입구에 위치한 라스베이거스 웰컴 사인에서 인증 사진을 찍어보자! 라스베이거스 여행의 필수 코스라도 되는 듯 많은 사람들이 모여드는 곳이다. 알록달록한 색깔 덕분에 사진이 잘 나온다.
> **주소** 5200 S Las Vegas Blvd, Las Vegas, NV

라스베이거스 웰컴 사인(출처 unsplash @Nick Fewings)

special
라스베이거스의 클럽 & 루프톱 바 즐기기

라스베이거스는 밤이 화려한 도시답게 클럽과 루프톱 바가 많기로 유명하다. 클럽에서는 유명한 디제이의 공연도 자주 펼쳐져 더욱 재밌게 즐길 수 있다. 클럽은 사진 촬영이 금지되어 있다.

옴니아(Omnia)

메인 스트립에 위치한 시저스 팰리스 호텔 & 카지노(Caesars Palace Hotel & Casino)의 나이트클럽이다. 매일 인산인해를 이루고, 유명 디제이들의 공연이 많은 곳이다. 홈페이지에서 미리 바 카드를 구입하면 기다리지 않고 입장할 수 있다.

주소 3570 S Las Vegas Blvd, Las Vegas, NV
홈페이지 http://omniaclubs.com
운영시간 화·목~일요일 10:30-04:00, 매주 월·수요일 휴무

시저스 팰리스 호텔 & 카지노
(출처 shutterstock)

파운데이션 룸(Foundation Room)

스트립 남쪽 끝에 자리 잡은 만달레이 베이 호텔 63층에 위치한 클럽으로 스트립의 야경을 한눈에 감상하며 즐길 수 있다.

주소 3950 S Las Vegas Blvd, Las Vegas, NV
홈페이지 http://houseofblues.com
운영시간 일~금요일 17:00-01:00, 토요일 17:00-02:00

만달레이 베이 호텔
(출처 unsplash @Marcos Nieto)

special
라스베이거스 추천 호텔

플래닛 할리우드 리조트 & 카지노(Planet Hollywood Resort & Casino)

한마디로 가성비 끝판왕인 호텔! 메인 스트립 한가운데 자리 잡고 있어 최상의 위치를 자랑하며 저렴한 가격, 넓은 방, 넓은 욕실, 다양한 레스토랑과 상점 등 모든 것을 충족한다. 또한 파운틴뷰(Fountain View, 분수 조망) 룸으로 예약하면 창밖으로 벨라지오 호텔 분수쇼도 볼 수 있어 인기가 많다.

플래닛 할리우드 리조트 & 카지노

주소 3667 S Las Vegas Blvd, Las Vegas, NV
전화번호 +1 866 919 7472
홈페이지 http://www.caesars.com
가격 $100~200

tip 벨라지오 호텔 분수쇼

세계 3대 분수쇼 중 하나로 불리며, 벨라지오 호텔의 거대 인공호수에서 열린다. 라스베이거스 스트립을 걸으면 누구나 한 번은 보게 될 정도로 규모가 크고 자주 진행된다.

주소 3600 S Las Vegas Blvd, Las Vegas, NV
운영시간 월~금요일 15:00-20:00(30분 간격) 20:00-24:00(15분 간격), 토요일·공휴일 12:00-20:00(30분 간격), 일요일 11:00-19:00(30분 간격)
비용 무료

코스모폴리탄 오브 라스베이거스(The Cosmopolitan of Las Vegas)

라스베이거스에서 가장 인기 있는 호텔로 메인 스트립에 자리해 최상의 위치를 자랑하며 벨라지오 호텔 분수쇼를 정면으로 볼 수 있다. 또한 테라스에서 라스베이거스 전경을 한눈에 볼 수 있어 많은 여행자들이 찾는다. 호텔 가격이 비교적 저렴한 라스베이거스에서 조금 높은 편이다. 이러한 뷰를 감상하려면 반드시 파운틴뷰 룸으로 예약해야 한다.

주소 3708 S Las Vegas Blvd, Las Vegas, NV
전화번호 +1 702 698 7000
홈페이지 http://cosmopolitanlasvegas.com
가격 $200~350

코스모폴리탄 호텔에서 바라본 라스베이거스 야경(출처 unsplash @julianamalta)

special
라스베이거스 추천 맛집

SW 스테이크하우스(SW Steakhouse)

라스베이거스에는 유명한 셰프의 이름을 내세운 것부터 올드 홈스테드와 같은 체인 등 스테이크 레스토랑이 많다. 그중 추천할 만한 곳이 SW 스테이크하우스이다. 윈 호텔(Wynn Las Vegas) 내에 자리 잡은 레스토랑으로 실내는 우아하고 품격 있는 인테리어이지만 야외 테라스는 휴양지에 온 듯한 분위기로 특히 인기가 많다. 특정 시간대에는 공연도 펼쳐진다. 대부분의 스테이크하우스는 예약이 필수이다.

SW 스테이크하우스
(출처 SW 스테이크하우스 홈페이지)

주소 3131 S Las Vegas Blvd, Las Vegas, NV
전화번호 +1702 770 3325
홈페이지 http://opentable.com
운영시간 매일 17:30-22:00
가격 $80~

바카날 뷔페(Bacchanal Buffet)

라스베이거스에서는 한국에 비해 비교적 저렴한 가격으로 호텔 뷔페를 즐길 수 있다. 그중 시저스 팰리스 호텔 & 카지노에 위치한 바카날 뷔페는 우리나라 방송에도 나와 더 유명해진 곳으로 라스베이거스 레스토랑 순위에서 항상 상위에 랭크된다.

바카날 뷔페(출처 바카날 뷔페 공식 홈페이지)

주소 3570 S Las Vegas Blvd, Las Vegas, NV
전화번호 +1 702 731 7928
운영시간 월~금요일 07:30-22:00, 토~일요일 08:00-22:00
가격 디너 $65

쉐이크쉑 버거(Shake Shack Burger)

우리나라에서도 맛볼 수 있는 쉐이크쉑 버거를 미국 본토에서 즐겨보자! 미 서부 유일의 쉐이크쉑 버거는 뉴욕뉴욕 호텔에 위치해 있으며 호텔 콘셉트에 맞게 꾸며져 있다.

주소 3790 S Las Vegas Blvd, Las Vegas, NV
전화번호 +1 725 333 6730
운영시간 매일 10:00-02:00
가격 $10~15

맛있는 쉑쉑 버거

얼 오브 샌드위치(Earl of Sandwich)

가볍게 먹기 좋은 곳으로 샌드위치가 상당히 맛있다. 플래닛 할리우드 리조트 & 카지노에 있으며 24시간 문을 연다.

주소 3667 S Las Vegas Blvd, Las Vegas, NV
전화번호 +1 702 463 0259
운영시간 24시간
가격 $5~

브렉퍼스트 BLT 샌드위치

course
1일 코스

● 바카날 뷔페(89쪽)

주소 3570 S Las Vegas Blvd, Las Vegas, NV
전화번호 +1 702 731 7928
운영시간 월~금요일 07:30-22:00, 토~일요일 08:00-22:00
가격 디너 $65

○ 밤 문화가 발달한 라스베이거스에서는 느지막이 일어나 호텔 수영장에서 하루를 시작하자. 재미있게 물놀이 하고 나서 허기진 배를 바카날 뷔페에서 든든하게 채우자.

● 플래닛 할리우드 리조트 & 카지노(87쪽)

주소 3667 S Las Vegas Blvd, Las Vegas, NV
전화번호 +1 866 919 7472
홈페이지 http://caesars.com
가격 $100~200

○ 시저스 팰리스 호텔 & 카지노(86쪽)와 함께 쇼핑센터가 잘되어 있어 내부를 구경하고 즐기기에 좋다.

● 라스베이거스 스트립(79쪽)

위치 Las Las Vegas Strip 검색
가는 방법 맥캐런(McCarran) 공항에서 Westcliff Airport Express(WAX)를 타거나(1인당 $2, 05:30-22:30) 우버 또는 렌터카로 이동.

○ 해 질 녘부터 완전히 어두워질 때까지 라스베이거스 스트립을 걸어보자! 너무 화려해서 눈이 휘둥그래진다.

● SW 스테이크하우스(89쪽)

주소 3131 S Las Vegas Blvd, Las Vegas, NV
전화번호 +1702 770 3325
홈페이지 http://opentable.com
운영시간 매일 17:30-22:00
가격 $80~

○ 저녁에는 분위기 있는 레스토랑에서 스테이크를 즐겨본다.

● 쇼 관람(84쪽)

○ 보고 싶었던 쇼를 보거나 클럽에 가서 라스베이거스의 밤을 즐기면 하루를 완벽하게 마무리할 수 있다.

Enjoy traveling

bucket list 4

로스앤젤레스를 대표하는 거리, 멜로즈 애비뉴 걷기(feat. 쇼핑)

멜로즈 애비뉴를 처음 접한 것은 핫핑크 벽 앞에서 저마다 다른 포즈로 각자의 개성을 살려 찍은 사진들이다. 두 번째는 파파라치 사진에 자주 등장하는 '멜로즈를 걷는 할리우드 스타'의 사진이다. 그들이 있어서 거리가 더 멋있어 보이는 것일까, 아니면 멜로즈 애비뉴 자체가 멋있는 것일까? 패피(패션 피플)들이 걷던 거리를 직접 걸어보고 느껴보자!

Paul Smith

멜로즈 애비뉴에서 가장 유명한 핑크월

멜로즈 애비뉴
Melrose Avenue

로스앤젤레스의 대표적인 거리답게 눈앞에 보이는 건물들은 벽면부터 예사롭지 않다. 건물의 특색에 따라 개성이 느껴지는 색과 그림이 발걸음을 절로 멈추게 한다. 그중 가장 대표적인 곳이 폴 스미스(Paul Smith) 매장으로 건물 벽면 전체가 핫핑크로 칠해져 있어 사진이 예쁘게 나온다. 햇빛에 따라 핑크색이 다채롭게 바뀌어서 더 인기가 많은데, 사진을 찍을 때는 정해진 구역에서 핸드폰 카메라로만 찍어야 한다. 일반 카메라로 찍으면 경호원이 다가와 주의를 준다.

주소 8221 Melrose Ave, Los Angeles, CA (Paul Smith 검색)
가는방법 렌터카 / 우버 / 10번 버스 Melrose/Harper Station에서 하차

개성 넘치는 패피와 건물 사이를 걷다가 예쁜 벽면을 발견하면 사진을 찍고 다시 걷기를 반복하다 지루함을 느낄 때쯤 멜로즈 애비뉴의 특별함을 만날 수 있다. 그중 하나가 할리우드 패션 트렌드를 읽을 수 있는 편집숍과 감각적인 빈티지 숍이다. 다양하고 개성 넘치는 빈티지 상품이 많아 취향에 따라 구경하며 쇼핑할 수 있다. 외관부터 눈길을 사로잡는 상점들이 15-20 블록에 걸쳐 흩어져 있기 때문에 다 훑어보려면 꽤 많은 시간이 소요되니 참고하자. 또한 감각적인 식당과 카페도 즐비해 반나절 이상 머물 수밖에 없는 곳이다.

> **tip 주차하기**
> 보통 갓길 주차를 해야 한다. 주차가 금지된 요일과 시간이 정해진 구역도 있으니 표지판을 반드시 잘 읽어봐야 한다. 카드도 되지만 동전을 사용하는 것이 좋다. 주차 구역마다 설치된 기계에 동전을 넣으면 주차 시간이 올라간다. 주차 시간을 대충 계산해서 이용하면 된다.

멜로즈 애비뉴의 다양한 벽화

앤젤 윙스 월
Angel Wings Wall

핑크월 다음으로 유명한 포토 스폿이다. 세계적인 아티스트 콜레트 밀러(Colette Miller)의 벽화로 로스앤젤레스에만 그의 그림이 25개 이상 있다고 한다. 이름 그대로 천사의 날개 사이에 들어가 예쁜 사진을 남길 수 있다.

주소 7767 Melrose Ave, Los Angeles, CA

앤젤 윙스 월의 모습

와일드 스타일 매장 입구

와일드 스타일
Wild Style

다수의 브랜드와 빈티지 의류, 잡화를 판매하는 곳으로 가장 먼저 귀여운 외관이 눈길을 사로잡고, 안으로 들어서면 다양한 상품들이 발길을 붙잡는다. 와일드 스타일처럼 외관부터 독특한 상점들이 많으니 천천히 여유를 가지고 둘러보자.

주소 7703 Melrose Ave, Los Angeles , CA
전화번호 +1 323 651 1223
홈페이지 http://wildstylela.com
운영시간 매일 12:00-20:00

블루 잼 카페
Blu Jam Cafe

멜로즈 애비뉴에서 가장 유명한 브런치 레스토랑으로 크런키 프렌치 토스트가 대표 메뉴이다. 매일 오후 3시면 영업을 종료하고, 대기하는 경우도 많으니 멜로즈 애비뉴에 도착하자마자 들러보는 것이 좋다.

주소 7371 Melrose Ave, Los Angeles , CA
전화번호 +1 323 951 9191
홈페이지 http://Blujamcafe.com
운영시간 매일 08:00-15:00
가격 $20~50

블루 잼 카페의 크런키 프렌치 토스트와 에그베네딕트

course
1일 코스

페어팩스 애비뉴 FairFax Avenue

- 남북으로 약 8킬로미터에 이르는 쇼핑 거리다. 유명한 슈프림(Supreme) 매장뿐만 아니라 온갖 종류의 스니커즈가 한데 모여 있는 운동화 전문점 플라이트 클럽 LA(Flight Club LA) 등 다양한 브랜드의 매장이 즐비한 곳이다. 페어팩스 애비뉴 맛집으로는 수제 햄버거 식당인 플랜체크 키친+바가 유명하다.

출처 shutterstock

멜로즈 애비뉴(94쪽)

주소 8221 Melrose Ave, Los Angeles, CA(Paul Smith 검색)
가는방법 렌터카/우버/10번 버스 Melrose/Harper Station에서 하차

플랜체크 키친+바 Plan Check Kitchen+Bar

주소 351 North Fairfax Ave, Los Angeles , CA
전화번호 +1 323 591 0094
홈페이지 http://plancheck.com
운영시간 월요일 12:00-21:00, 화~목요일 12:00-22:00, 금~토요일 12:00-23:00, 일요일 11:00-21:00
가격 $10~20

- 맛과 서비스가 모두 좋은 곳으로 맛있는 수제 버거로 유명하다. 플랜체크 버거(Plan Check Burger)와 소칼 더블 치즈버거(So Cal Double Cheeseburger)를 추천한다.

그로브 몰 & 파머스 마켓 The Grove & Farmers Market

주소 189 The Grove Drive, Los Angeles, CA
전화번호 +1 323 900 8080
홈페이지 http://thegrovela.com
운영시간 월~목요일 10:00-21:00, 금~토요일 10:00-22:00, 일요일 11:00-20:00

- 그로브 몰은 유명 브랜드들이 모여 있는 야외 복합 쇼핑몰이며, 파머스 마켓은 푸드 코트, 잡화점 등이 모여 있는 시장이다. 그로브 몰이 세련된 쇼핑몰 분위기라면 파머스 마켓은 정겨운 분위기가 매력적인 곳이다. 트롤리가 무료로 운행되어 2곳을 편리하게 오갈 수 있다. 특히 일몰 후 분위기가 좋아 마지막 코스로 추천한다.

그로브 몰(위)과 파머스 마켓(아래)

bucket list 5

로스앤젤레스에서 가장 힙한
에보키니 구석구석 걸어보기

어디를 여행하든 그 도시의 분위기를 한껏 느낄 수 있는 대표적인 거리를 여유롭게 구경하는 것이 여행의 또 다른 재미다. 그러한 여유를 즐기기에 제격인 곳이 로스앤젤레스 에보키니다. 우리나라의 가로수길에 비견할 수 있는데, 좀 더 자유분방한 분위기를 느낄 수 있다. 유니크한 숍, 분위기와 맛을 모두 충족하는 식당과 카페들이 즐비한 에보키니를 구석구석 둘러보면 보물처럼 멋진 장소들을 만날 수 있다. 더불어 거리 곳곳에 알록달록한 색깔의 예쁘고 독특한 벽화들이 여행자들의 발길을 사로잡아 저마다 카메라 셔터를 누르기에 여념이 없다. 매월 첫째 주 금요일에 에보키니를 찾는다면 로스앤젤레스에서 가장 맛있는 푸드트럭 40여 개가 총집합하는 푸드트럭 이벤트도 경험할 수 있다.

에보키니 거리 초입

에보키니
Abbot Kinney Blvd

요즘 로스앤젤레스에서 가장 감각적이고 트렌디한 베니스 거리(Venice Blvd)에서 퍼시픽 애비뉴(Pacific Avenue)에 이르는 구간을 말한다('Blvd'는 '대로'를 뜻하는 블러바드(boulevard)의 약자이다). 에보키니에 도착해 5분도 채 되지 않아 이곳에 푹 빠진다. 파스텔 톤의 감각적인 숍들과 카페, 머리부터 발끝까지 멋진 패션을 뽐내는 사람들이 가득한 거리, 그런 거리를 비추는 햇살까지, 이 모든 조화가 카메라 셔터를 절로 누르게 한다.

에보키니의 유니크한 숍들을 구경하다 보면 골목 사이사이의 벽화들이 자연스럽게 눈에 띈다. 거리 곳곳에는 언제 무슨 이유로 그려졌는지, 이렇게 그려도 괜찮은지 의문이 드는 그래피티(벽화)들이 사람들의 눈길과 발길을 잡아끈다. 몇몇 벽화들은 에보키니의 상징이 되기도 했다.

에보키니 곳곳의 벽화들

에보키니에는 다른 곳에 없는 특별함이 있다. 도시에서 흔히 볼 수 있는 유명 브랜드 매장도 좀 더 감각적으로 꾸며 걸음을 멈추게 한다. '카페가 왜 이렇게 예뻐?'라고 생각하며 들어섰는데 알고 보니 신발 매장이다.

주소 Abbot Kinney Boulevard, Los Angeles, CA
가는방법 렌터카 / 우버 / 733번 버스 Venice/Abbot Kinney Station에서 하차

탐스 에보키니의 모습

탐스 에보키니
Tom's Abbot Kinney

에보키니를 걷다 보면 '여긴 대체 뭐 하는 곳이야' 하는 생각이 드는 매장을 종종 만난다. 탐스 에보키니도 감각적인 외관에 이끌려 들어간 곳이다. 커피 주문을 받는 곳이 있고 주변에는 탐스 제품들이 놓여 있는데 카페인지 숍인지 알 수 없는 분위기다. 안쪽으로 더 들어가면 편안한 의자에 앉아 커피를 마시며 담소를 나누는 사람들을 발견하게 된다. 이어서 정원으로 꾸며진 파티오(위쪽이 트인 건물 내의 뜰)에도 사람들이 앉아 커피를 마시고 있다. 탐스 에보키니는 숍 안에서 자유롭게 쉬면서 즐길 수 있는 곳이다.

주소 1344 Abbot Kinney Blvd, Venice, CA
전화번호 +1 310 314 9700
홈페이지 http://toms.com
운영시간 일·월~목요일 09:00-20:00, 금~토요일 09:00-21:00

인텔리젠시아 커피
Intelligencia Coffee

커피 마니아라면 에보키니에 들어서는 순간 행복을 느낄 만큼 유명하고 다양한 카페를 곳곳에서 만날 수 있다. 로스앤젤레스에서 가장 유명한 카페 중 하나인 인텔리젠시아 커피는 독특한 매장 구조와 인테리어는 물론 훌륭한 커피 맛으로도 인정받는 곳이다.

주소 1331 Abbot Kinney Blvd, Venice, CA
전화번호 +1 310 399 1233
홈페이지 http://intelligenciacoffee.com
운영시간 월~목요일 06:00-20:00, 금~토요일 07:00-22:00, 일요일 07:00-20:00
가격 $5

인텔리젠시아 커피의 외부와 내부 모습

더 부처스 도터
The Butcher's Daughter

폴딩 도어를 개방해 테라스 느낌이 나는 자리부터 눈길을 사로잡는다. 안으로 들어가면 멋진 테이블과 인테리어 덕분에 어느 자리에서나 즐거운 식사를 할 수 있다. 더 부처스 도터는 베지테리언(채식주의) 식당으로 다양한 브런치 메뉴를 내놓는다. 자극적인 음식을 즐겨 먹는 한국인의 입맛으로는 맛에 대한 평가를 내릴 수 없지만 인테리어는 충분히 가볼 만한 곳이다.

주소 1205 Abbot Kinney Blvd, Venice, CA
전화번호 +1 310 981 3004
홈페이지 http://thebutchersdaughter.com
운영시간 매일 08:00-22:00
가격 $50~80

더 부처스 도터의 외관

지젤리나의 벽면 그래피티

지젤리나
G.Jelina

다양한 미국 가정식 요리를 먹을 수 있는 지젤리나는 에보키니에서 가장 유명한 식당 중 하나이다. 건물 대부분의 벽면에 그려진 그래피티가 유명하며 테라스 자리가 특히 인기가 많다.

주소 1429 Abbot Kinney Blvd, Venice, CA
전화번호 +1 310 450 1429
홈페이지 http://gjelina.com
운영시간 매일 08:00-24:00
가격 $50~80

bucket list 6

해 질 녘 산타모니카 비치에서 석양 바라보기
| 로스앤젤레스 |

로스앤젤레스 하면 가장 먼저 떠오르는 이미지는 야자수가 쭉 늘어선 바닷가 주변 상점의 불빛, 그리고 관람차와 가로등 불빛이 조화롭게 어우러진 해 질 녘의 모습일 것이다. 가로등 불빛 아래 벤치에 앉아 있는 연인의 모습까지 더해지면 더욱 낭만적이다. 로스앤젤레스 산타모니카 비치는 이런 상상을 충분히 만족할 최적의 장소이다. 낭만적인 해 질 녘 분위기를 꼭 경험해보고 싶다면 산타모니카 비치로 가자.

해 질 녘의 산타모니카 비치

산타모니카
Santa Monica

산타모니카는 로스앤젤레스 다운타운에서 가장 가까운 해안 도시로 야자수가 줄지어 있는 모습이 꼭 휴양지에 온 것만 같다. 많은 영화와 드라마의 배경지로 등장했으며, 주말이면 현지인들이 산타모니카 비치에서 일광욕을 하거나 피크닉을 즐기며 여유로운 시간을 보낸다. 부두 위의 퍼시픽 파크 놀이공원에서는 다양한 놀이기구를 즐길 수도 있다. 여름에는 목요일 밤마다 라이브 공연과 댄싱 이벤트가 열려 더더욱 활기를 띠며, 도시 곳곳에서 많은 음악인들의 버스킹도 쉽게 볼 수 있다.

부두에서 좀 더 걸어 나가면 해안가를 따라 펼쳐진 팰리세이드 파크에서 도시의 다양한 모습을 볼 수 있다. 세 블록에 걸쳐 있는 서드 스트리트 프로머네이드(3rd Street Promenade) 도로는 150여 개의 상점과 레스토랑이 즐비해 쇼핑과 식사를 해결하기에도 좋다. 화가나 거리의 예술가들도 심심치 않게 볼 수 있으며 산타모니카 비치에서 베니스 비치 근처의 메인 스트리트에도 여러 상점과 카페가 늘어서 있어 다양한 구경거리를 제공한다.

낮 시간의 산타모니카 풍경

주소 320 West 4th St, Los Angeles, CA
전화번호 +1 310 458 8300
홈페이지 http://smgov.net
가는방법 버스 : 로스앤젤레스 다운타운에서 720번 또는 20번 버스 승차, Santamonica/4th에서 하차 후 도보 10분 / 지하철 : 다운타운에서 Purple Line 승차, 7th St/Metro Center에서 하차 후 Expo Line으로 환승, Downtown Santamonica Station에서 하차 후 도보 10분 / 우버 / 렌터카

해 질 녘 산타모니카 비치의 모습은 상상했던 것만큼 낭만으로 가득하다. 하늘을 뒤덮은 붉은 노을, 부둣가에 일정한 간격으로 서 있는 가로등 불빛, 그 옆에서 자유롭게 악기를 연주하고 노래를 부르는 버스커들, 해 질 녘 풍경을 한껏 품고 잔잔한 조명을 뽐내며 고요하게 움직이는 관람차, 벤치와 모래밭에 앉아 석양을 바라보는 사람들, 이 모든 것이 한편의 영화 같다. 평소 상상하던 로스앤젤레스의 모습 그 자체가 눈앞에 펼쳐지니 감동하지 않을 수 없다. 어두워질수록 더 밝게 빛나는 산타모니카의 온갖 조명들은 더욱 아름다운 풍광을 선사한다. 매일 다른 색감으로 하늘을 물들이는 석양을 감상하며 하루를 여유롭게 마감하는 것은 여행의 큰 즐거움이기도 하다.

> **tip** 렌터카를 이용할 때 알아두면 좋은 주차 팁
> 산타모니카 플레이스, 블루밍데일즈 주차장 90분 무료 / 산타모니카 피어 1시간 $3, 최대 $15 / 산타모니카 비치 1시간 $3, 최대 $12 / 공영주차장(Structure 8 Public Parking) 90분 무료, 30분마다 $2 추가

해 질 녘의 산타모니카 비치

루트66 표지판

루트66
Route 66 End of the Trail

1926년에 완공된 루트66은 동부와 서부를 연결하는 미국 최초의 대륙 횡단 도로로 약 4천 킬로미터에 달한다. 동북쪽 시카고에서 시작해 서남쪽 산타모니카가 종착지다. 1985년 고속도로가 생기면서 현재 루트66은 폐쇄되었지만, 수많은 여행자들이 여전히 그 도로를 통해 여행한다. 미국의 역사를 느낄 수 있는 루트66 종착지 표지판 앞에는 인증 사진을 찍는 사람들로 가득하다.

리틀 루비
Little Ruby

뉴욕 소호(Soho) 지역에서 유명한 루비 카페(Ruby's Cafe)의 산타모니카 지점이다. 로스앤젤레스의 따뜻한 햇살을 받으며 야외에서 식사할 수 있어 더욱 매력적인 곳이다. 이곳의 시그니처 메뉴인 브론테 버거(Bronte Burger)를 추천한다.

리틀 루비의 시그니처 메뉴, 브론테 버거

주소 109 Santa Monica Blvd, Santa Monica, CA
전화번호 +1424 322 8353
홈페이지 http://rubyscafe.com
운영시간 월요일 08:00-22:30, 화~토요일 08:00-23:30 / 매주 일요일 휴무
가격 $15~20

버바 검프 쉬림프
Bubba Gump Shrimp Co.

산타모니카의 유명한 식당 중 하나로 새우 요리 전문 패밀리 레스토랑이다. 식사 시간에는 대기가 필수이며 쉬림퍼스 헤븐(Shrimper's Heaven)이 가장 유명하다.

주소 301 Santa Monica Pier Building 9, Santa Monica, CA
전화번호 +1310 393 0458
홈페이지 http://bubbagump.com
운영시간 월~금요일 11:00-22:00, 토요일 08:00-23:00, 일요일 08:00-22:00
가격 $15~30

버바 검프 쉬림프의 쉬림퍼스 헤븐

아멜리아 에스프레소 & 파니니
Amelia's Espresso & Panini

아침 식사와 브런치를 먹을 수 있는 곳으로 다양한 샌드위치와 파니니, 페스트리를 커피와 함께 즐기기 좋은 곳이다.

주소 2645 Main St, Santa Monica, Santa Monica, CA
전화번호 +1 310 396 9095
홈페이지 http://ameliascafe.com
운영시간 화~금요일 06:30-15:00, 토요일 06:30-14:30 / 매주 월~일요일 휴무
가격 $15~30

special
산타모니카 추천 숙소

채널 로드 인, 어 포 시스터스 인(Channel Road Inn, A Four Sisters Inn)

산타모니카 비치에서 도보 3분 거리에 위치한 호텔로 미국 가정집 분위기를 느낄 수 있는 곳이다. 아늑한 인테리어와 포근한 분위기의 룸에서 조용히 휴식을 취하고자 한다면 이곳을 추천한다. 매일 조식을 무료로 제공한다.

주소 219 W Channel Rd, Santa Monica, CA
전화번호 +1 310 459 1920
홈페이지 http://channelroadinn.com
가격 $200~400

호텔 샹그릴라 산타모니카(Hotel Shangri-La Santa Monica)

산타모니카 비치 바로 앞에 위치한 고급 호텔로 다양한 부대시설을 보유하고 있다. 오션뷰 객실은 산타모니카 비치를 한눈에 조망할 수 있어 인기가 많지만 그만큼 가격대가 높다.

출처 shutterstock

주소 1310 Ocean Ave, Santa Monica, CA
전화번호 +1 310 394 2791
홈페이지 http://shangrila-hotel.com
가격 $300~500

게이트웨이 호텔 산타모니카(Gateway Hotel Santa Monica)

산타모니카 비치에서 도보 10분 거리에 위치해 조금 떨어져 있지만 대중교통 이용이 편리하다. 로스앤젤레스에 있는 호텔 대부분은 주차비를 따로 지불해야 하는데, 게이트웨이 호텔은 주차 요금이 무료여서 렌터카를 이용하는 여행자들이 선호하는 곳이다.

주소 1920 Santa Monica Blvd, Santa Monica, CA
전화번호 +1 310 829 9100
홈페이지 http://gatewayhotel.com
가격 $150~250

course
1일 코스

애보키니(102쪽)

주소 Abbot Kinney Boulevard, Los Angeles, CA

가는방법 렌터카 / 우버 / 733번 버스 Venice/Abbot Kinney Station에서 하차

베니스 운하 Venice Canals

주소 Venice, CA

○ 보고만 있어도 마음이 평온해지는 잔잔한 물결을 사이에 두고 양쪽으로 집들이 줄지어 있다. 베니스 운하 가장자리로 그 집에 살고 있는 사람들의 소유로 보이는 작은 나무 보트들이 쭉 늘어서 있는 모습마저 조화롭다. 골목 구석구석을 여유롭게 구경하며 베니스 비치까지 걸어가 보자.

베니스 운하의 풍경

베니스 비치 Venice Beach

○ 베니스 비치는 산타모니카 비치와 연결되어 있지만 분위기는 사뭇 다르다. 산타모니카 비치가 여유로운 분위기라면 베니스 비치는 전위예술가들이 모여드는 작은 공동체로서 알록달록한 가게들이 즐비해 활력이 넘친다. 밤에 가면 자칫 위험할 수 있으니 해가 지기 전에 가는 것이 좋다. 베니스 비치는 스케이트 보더들의 성지로 보드를 탈 수 있는 공간이 따로 마련되어 있다.

출처 unsplash @Viviana Rishe

더 로즈 베니스 The Rose Venice

주소 220 Rose Ave, Venice, CA
전화번호 +1 310 399 0711
홈페이지 http://therosevenice.la
운영시간 월~목요일 07:00-22:00, 금요일 07:00-23:00, 토요일 08:00-23:00, 일요일 08:00-22:00
가격 $10~25

○ 베니스 비치 추천 맛집
입구부터 눈길을 사로잡는 곳으로 인테리어 또한 예뻐서 인기가 많은 브런치 카페이다. 다양한 종류의 빵과 샌드위치, 브런치 메뉴가 있다. 날씨 좋은 날에는 야외 테이블에서 즐기는 것이 좋다.

Take _____
_____ your time

bucket list 7

돌로레스 파크에서 분홍빛 석양 바라보며 피크닉하기

| 샌프란시스코 |

어느 여행지를 가든 공원을 즐겨 찾는 이유는 잠시 쉬어 갈 수 있기 때문이다. 그 도시의 대표적인 공원뿐만 아니라 지나가다 마주치는 이름 모를 공원, 머무는 숙소 앞에 자리 잡은 공원 등 여행 중 단 몇 분이라도 공원을 찾아 산책하거나 앉아 쉬었다 오곤 한다. 돌로레스 파크는 몇 년 전 유학하던 친구가 보여준 수많은 사진 속의 한 장소였다. 사진을 보자마자 여기가 어디냐고 물어봤던 곳이다. 그때부터 돌로레스 파크에서 분홍빛 석양을 바라보는 것이 로망이었고, 샌프란시스코 여행을 정리할 때 가장 기억에 남는 곳이기도 하다.

해 질 녘의 돌로레스 파크

뮤니메트로에서 바라본 돌로레스 파크

돌로레스 파크
Dolores Park

샌프란시스코 시내와 외곽 지역을 연결하는 뮤니메트로(Muni Metro)를 타고 가다 보면 굳이 내려야 할 정류장을 확인하지 않아도 창 너머로 감탄을 자아내는 풍경이 펼쳐진다. 그곳이 바로 돌로레스 파크이다. 이곳에 갈 때는 다른 교통수단보다 뮤니메트로를 이용할 것을 적극 추천한다.

주소 Dolores St & 19th St, San Francisco, CA
전화번호 +1 415-554-9521
홈페이지 http://www.sfrecpark.org
가는방법 우버 / 렌터카 / 뮤니메트로 J Line Right of Way/20th St에서 하차
운영시간 매일 06:00-22:00

샌프란시스코 미션(Mission)에 위치한 돌로레스 파크는 현지 젊은이들에게 가장 인기 있는 공원이다. 낮에 가면 음악을 틀어놓고 자유롭게 피크닉을 즐기며 휴식을 취하는 사람들을 많이 볼 수 있다. 그들에게 이곳은 도심 속 최고의 휴양지이다.

낮과 해 질 녘 분위기가 각기 다르지만 어느 시간대에 가든 좋다. 오후에 산책을 하거나 음료와 간단한 먹거리를 챙겨 피크닉을 즐기다 해 지는 것까지 보고 올 것을 추천한다. 샌프란시스코는 낮은 건물이 많아 공원에서 바라볼 때 도시 전경보다 하늘이 차지하는 비율이 상대적으로 크다. 해 질 녘 구름 사이로 보이는 분홍빛 하늘과 도시 건물이 환상적으로 어우러진 모습은 낭만 그 자체다.

돌로레스 파크 전경

돌로레스 파크는 경사진 큰 원형 공원으로 뮤니메트로 정류장 쪽이 가장 높아 공원 및 도시 풍경을 한눈에 감상할 수 있다. 이곳 벤치에 앉아 샌프란시스코 전경을 배경 삼아 인물 사진을 찍어보자.

> **tip** 참고로 피크닉에 필요한 식음료는 출발할 때 미리 챙겨 가도 되고, 공원 근처에 있는 타르틴 베이커리와 아이스크림으로 유명한 바이 라이트 크리머리 등에서 사도 된다. 샌프란시스코는 야외에서 음주가 불법이다. 또한 다운타운 지역은 늦은 밤에는 위험하니 가지 않는 것이 좋다.

돌로레스 파크의 가장 높은 곳에 위치한 벤치에서 찍은 사진

타르틴 베이커리
Tartin bakery

미국 6천 개의 베이커리 중 최고의 베이커리, 죽기 전에 꼭 먹어봐야 할 빵 중에 하나인 타르틴 베이커리! 각종 빵과 케이크, 타르트, 샌드위치가 있는데, 그중 코코넛 타르트와 치즈 타르트가 유명하다.

타르틴 베이커리의 코코넛 타르트

주소 600 Guerrero St, San Francisco, CA
전화번호 +1 415 487 2600
홈페이지 http://tartinebakery.com
운영시간 월~수요일 07:30-19:00, 목~금요일 07:30-20:00, 토~일요일 08:00-20:00
가격 $5~12

엘파롤리토
Taquevia El farolito

현지인들 사이에서 유명한 샌프란시스코 최고의 멕시칸 맛집. 돌로레스 파크에서 피크닉을 즐길 때 타코와 브리토를 포장해 가면 좋다.

주소 2779 Mission St, San Francisco, CA
전화번호 +1 415 824 7877
운영시간 매일 10:00-02:30
가격 $6.75~15

바이 라이트 크리머리
Bi-Rite Creamery

스트로스라는 100퍼센트 유기농 우유로 만든 풍미가 깊은 아이스크림을 파는 곳이다. 아이스크림뿐 아니라 브라우니, 견과류, 마시멜로 등 모두 수제이다. 스쿱에 따라 싱글(Single), 더블(Double), 트리플(Triple) 중 하나를 고르고 원하는 맛의 아이스크림을 선택하면 된다. 수제 토핑도 추가 가능하다. 시그니처 메뉴는 솔티드 카라멜이다.

바이 라이트 크리머리 입간판. 매일 오늘의 메뉴를 추천해준다.

주소 3692 18th St, San Francisco, CA
전화번호 +1 415 625 5600
홈페이지 http://biritecreamery.com
운영시간 매일 11:00-22:00
가격 $4.5~8.5

포린 시네마의 야외석

포린 시네마
Foreign Cinema

야외 테라스의 분위기가 너무 좋은 레스토랑으로 홈페이지에서 미리 예약하고 가는 것이 좋다. 샌프란시스코 여행에서 한 번쯤 분위기를 내고 싶을 때 이만한 곳이 없다. 이름에 걸맞게 대형 스크린으로 상영해주는 흑백 올드 무비가 분위기를 더욱 돋운다.

주소 2534 Guerrero St, San Francisco, CA
전화번호 +1 415 648 7600
홈페이지 http://foreigncinema.com
운영시간 월~수요일 17:30-22:00, 목~금요일 05:30-23:00, 11:00-14:30, 17:30-23:00 / 매주 토~일요일 휴무
가격 1인당 $30~60

미션 디스트릭트 풍경(출처 shutterstock)

course
1일 코스

○ **미션 디스트릭트** Mission District

○ 미션 디스트릭트를 제대로 여행하고 싶다면 뮤니메트로를 타고 '16th St/Mission Station'에서 하차해 천천히 걸어보자. 멕시칸을 비롯한 남미 이민자들이 많이 살고 있고, 신진 예술가들이 모여 있는 동네로 요즘 샌프란시스코에서 인기 있는 지역이다. 다양한 분위기가 공존하는 이곳은 고급 레스토랑부터 허름한 술집, 트렌디한 카페, 상점, 베이커리들이 오밀조밀 모여 있다. 지극히 평화로운 돌로레스 파크까지 함께 있어 색다른 느낌을 보여준다.

클라리온 앨리 Clarion Alley

○ 예전에는 지저분한 거리였으나 1992년부터 지역 예술가들의 체계적인 벽화 작업을 통해 400여 점이 넘는 벽화 작품으로 현재의 클라리온 앨리가 만들어졌다.

클라리온 앨리에서 제일 유명한 벽화

타르틴 베이커리(125쪽)
주소 600 Guerrero St, San Francisco, CA
전화번호 +1 415 487 2600
홈페이지 http://tartinebakery.com
운영시간 월~수요일 07:30-19:00, 목~금요일 07:30-20:00, 토~일요일 08:00-20:00
가격 $5~12

바이 라이트 크리머리(126쪽)
주소 3692 18th St, San Francisco, CA
전화번호 +1 415 625 5600
홈페이지 http://biritecreamery.com
운영시간 매일 11:00-22:00
가격 $4.5~8.5

돌로레스 파크(122쪽)
주소 Dolores St & 19th St, San Francisco, CA
전화번호 +1 415-554-9521
홈페이지 http://www.sfrecpark.org
가는방법 우버 / 렌터카 / 뮤니메트로 J Line Right of Way/20th St.에서 하차
운영시간 매일 06:00-22:00

포린 시네마(127쪽)
주소 2534 Guerrero St, San Francisco, CA
전화번호 +1 415 648 7600
홈페이지 http://foreigncinema.com
운영시간 월~수요일 17:30-22:00, 목~금요일 05:30-23:00, 11:00-14:30, 17:30-23:00 / 매주 토~일요일 휴무
가격 1인당 $30~60

Take your time

bucket list 8

소살리토에서 힐링하기
| 샌프란시스코 |

따뜻함과 여유로움이 그대로 녹아 있는 한 장의 사진을 한참 동안 바라본 그곳이다. 계단식으로 들어선 파스텔 톤의 집들과 그 앞의 잔잔한 바다, 청량하고 파란 하늘이 이탈리아 포지타노(Positano)를 떠올린다. 사진으로 본 소살리토는 다른 곳에서 느낄 수 없었던 그곳만의 따사로운 분위기가 있었다. 이런 곳이라면 여유를 맘껏 느낄 수 있을 것만 같다. 바다와 접한 맨 아래쪽부터 가장 높은 곳까지 빼곡히 들어선 집들과 그 사이사이를 채운 아름드리 나무들, 아름다운 소살리토에서 여유를 한껏 채워보자.

이탈리아 포지타노

소살리토의 풍경(출처 shutterstock)

소살리토
Sausalito

소살리토는 샌프란시스코에서 차로 20분 정도 떨어진 곳에 있다. 버드나무 사이사이로 보이는 예쁜 집들과 푸른 하늘, 눈부신 햇살, 파란 바다까지 완벽한 그림 같은 풍경이다. 화려하다거나 특별한 볼거리는 없지만 힐링 그 자체인 곳, 그냥 걷는 것만으로도 시간이 멈춘 듯 평화롭다.

이곳에서는 자전거를 빌려 타고 여행하는 사람들을 많이 볼 수 있다. 하지만 소살리토가 나에게 선사한 첫 느낌을 그대로 이어가고 싶어 천천히 걸어본다. 자전거를 타고 빠르게 스쳐 보내기에는 너무 아까운 풍경들이다. 소살리토는 포지타노와 풍광이 닮은 것 말고는 모든 것이 다르다. 관광객으로 북적이는 휴양 도시 포지타노와는 달리 예술가, 은퇴한 노년층이 사는 주거지 느낌이다. 더없이 고즈넉하고 평화로운 소살리토는 한없이 머물고 싶은 곳이다.

주소 Bridgeway, Sausalito, CA
전화번호 +1 415-289-4117(소살리토 인포메이션 센터)
홈페이지 http://www.sausalitohistoricalsociety.com
가는방법 버스 : 금문교에서 10, 70번 승차 / 페리 : 페리 빌딩에서 승선. 편도 $11.75, 교통카드(Cliper Card) $6.25. 미리 시간표를 확인하고 가자. 자전거도 실을 수 있으며 배에서 금문교와 감옥으로 유명한 앨커트래즈 섬도 볼 수 있다. / 우버 : 편도 $12~20. 시간을 절약하고 싶다면 우버를 추천한다.

나파 밸리 버거
Napa Valley Burger

소살리토에서는 특색 있는 카페와 레스토랑을 쉽게 찾을 수 있다. 추천 맛집은 참고만 하고 천천히 골목골목을 산책하다 마음에 드는 레스토랑에 들어가 식사하는 재미를 누려보는 것도 좋다. 나파 밸리 버거에서는 색다른 멕시코식 버거를 맛볼 수 있다. 아보카도를 올린 프로틴 스타일의 버거를 추천한다.

주소 670 Bridgeway, Sausalito, CA
전화번호 +1 415 332 1454
홈페이지 http://napavalleyburgercompany.com
운영시간 매일 11:30-18:00
가격 $15~20

스코마스
Scoma's

바다 위에 떠 있는 해산물 레스토랑이다. 파스텔 블루로 색칠한 외관부터 눈길을 사로잡는 곳으로 가격대가 조금 있지만 아름다운 뷰를 보며 식사할 수 있다. 토마토 해물 스튜 치오피노와 클램 차우더를 추천한다.

주소 588 Bridgeway, Sausalito, CA
전화번호 +1 415 332 9751
홈페이지 http://scomassausalito.com
운영시간 매일 11:30-21:30
가격 런치 스페셜 $15~30
주차 가능

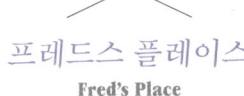

프레드스 플레이스
Fred's Place

오전 7시에 문을 열어 오후 2시 30분이면 문을 닫는 브런치 전문 식당이다. 현지인들의 맛집으로 실내와 야외 테이블이 있다. 우리 나라의 기사식당에 비유할 수 있는 로컬 식당으로 가볍게 미국식 아침 식사를 할 수 있는 곳이다. 게살 오믈렛(Crab)과 훈제 삼겹 살로 만든 토스트(Fat Fred), 에그베네딕트, 팬케이크를 추천한다.

주소 1917 Bridgeway, Sausalito, CA
전화번호 +1 415 332 4575
운영시간 매일 07:00-14:30
가격 $10~20

Take your time

course
1일 코스

피셔맨스 워프(65쪽)
주소 452 Beach St, San Francisco, CA
전화번호 +1 415-468-4860
운영시간 24시간 영업

- 동쪽 끝 피어39 근처에서 서쪽 끝 기라델리 스퀘어까지 도보 10분 거리를 피셔맨스 워프라고 한다. 샌프란시스코의 대표적인 관광 명소로 해산물 레스토랑이 즐비하며 산책로로 인기가 높다. 앨커트래즈 섬과 금문교를 감상할 수 있으며, 바다사자 떼를 볼 수 있는 선착장으로 유명하다. 이전에 초콜릿 공장이었던 기라델리 스퀘어는 지금은 다양한 숍과 식당이 자리하고 있다.

피어39 Pier39
주소 The Embarcadero, San Francisco, CA
전화 +1 415 705 5500
운영시간 매일 10:00-22:00
홈페이지 http://pier39.com

- 샌프란시스코만 연안에 있는 2층짜리 목조 건물이다. 피셔맨스 워프 끝자락의 부두 위에 세워진 쇼핑센터로 다양한 상점과 레스토랑, 기념품 가게 등이 들어서 있다. 샌프란시스코 특유의 이국적인 분위기를 느낄 수 있으니 시간이 된다면 들러보자.

소살리토(132쪽)
페리 빌딩 주소 Ferry Building, One, San Francisco, CA
홈페이지 ferrybuildingmarketplace.com
전화번호 +1 415-983-8000

- 페리를 타고 이동하면 좋다.

배터리 스펜서 포인트(60쪽)
주소 Conzelman Rd, Sausalito, CA
전화번호 +1 415-561-4700

- 해 질 녘 배터리 파크에서 금문교를 감상하자.

포트 포인트 또는 비스타 포인트(57쪽)

- 저녁에는 모름지기 석양이다. 포트 포인트 또는 비스타 포인트에서 일몰을 감상하자.

bucket list 9

빈티지한 케이블카와 스트리트카를 타고 종점까지 가보기

| 샌프란시스코 |

'여행을 더 잘하기 위한 방법이 무엇인가요?'라는 질문을 받는다면 '없다'고 대답한다. 왜냐하면 사람마다 각자 추구하는 여행 스타일이 다르기 때문이다. 처음 해외여행을 다니기 시작했을 때는 하나라도 더 보려고 잠시도 쉴 틈 없이 바쁘게 돌아다녔다. 최대한 많은 것을 보고 경험했다고는 하지만, 점점 여행이 아닌 발도장만 찍고 온 듯한 기분을 지울 수 없었다. 그래서 여행 중 계획을 하나씩 줄이다 보니 하루 정도는 내가 여행하는 도시를 온전히 느낄 수 있는 시간이 주어졌다. 샌프란시스코에서는 목적 없이 빈티지한 케이블카 혹은 스트리트카를 타고 종점까지 가보자. 창밖으로 보이는 도시의 생경한 풍경을 온전히 느끼며 눈과 마음으로 담아낼 수 있다.

도심을 오가는 케이블카의 모습

케이블카 타기
Cable Car

샌프란시스코의 명물로 자리 잡은 케이블카! 샌프란시스코 구석구석의 언덕을 오르는 케이블카를 보면 타지 않을 수 없다. 샌프란시스코의 주요 관광지를 모두 거쳐 가기 때문에 케이블카만 이용하는 관광객들도 많다. 특히 첫 출발 정류장인 파웰역(Powell Station)은 이른 시간부터 인산인해를 이룬다. 이 시간에 케이블카는 항상 만원이고 매달려 가는 사람들도 있다. 상상했던 여유로운 모습은 아니지만 아날로그 감성이 고스란히 담긴 수동 케이블카를 타는 것만으로도 새롭고 즐겁다.

정차한 케이블카 모습

케이블카를 타고 가는 모습

좀 더 여유 있게 케이블카를 타고 싶다면 관광지가 몰려 있는 유명 노선이 아닌 다른 노선이나 중간 정류장을 이용한다. 거리 자체가 멋있는 샌프란시스코는 케이블카를 타는 것만으로도 즐거움이 배가될 것이다. 142쪽을 참고해 숙소 근처 정류장에서 타면 된다.

> **tip** 케이블카는 3개 노선이 운영된다.
> 노선 1: 파웰-메이슨(Powell-Mason, 피셔맨스 워프, 피어39)
> 노선 2: 파웰-하이드(Powell-Hyde, 그레이스 대성당, 롬바드 스트리트)
> 노선 3: 통근 케이블카 캘리포니아(California, 파이낸셜 디스트릭트-밴 네스)
> 노선 1이 노선 2에 비해 이용하는 사람이 적은 편이다.
> 1회 이용 요금은 편도 $8로 조금 비싼 편이니 뮤니패스를 이용하는 것이 좋다. 뮤니패스 31쪽 참고

샌프란시스코의 케이블카 노선도

스트리트카 타기
Streetcars

오랜 세월이 그대로 담긴 빈티지한 외관의 스트리트카(트램)가 운행하는 모습은 그 자체로 사람들의 시선을 사로잡는다. 이미 아주 느리게 가고 있는데도 스트리트카를 배경으로 사진을 찍는 관광객을 발견하면 기사는 속도를 더 늦춘다.

오래되다 못해 에어컨도 없고 정차 알림 벨도 없다. 원하는 정류장에 도착하기 전 창문 위에 걸쳐 있는 긴 줄을 살짝 잡아당겨 종소리를 내면 차를 세워준다. 이 모든 것이 너무나 정겹다. 전용 레일을 달리기 때문에 정체되지는 않는다. 또한 빨리 달리지 않아 여유를 가지고 샌프란시스코 풍경을 천천히 볼 수 있다.

스트리트카 외관

스트리트카 내부 모습

스트리트카는 2개 노선이 운영된다. F라인은 피셔맨스 워프에서 카스트로(Kastro)를 이어주는 제법 긴 구간이며, E라인은 페리 빌딩에서 칼트레인(Caltrain)을 이어주는 비교적 짧은 구간이다. 외관이 좀 더 빈티지하고 구간도 더 긴 F라인을 추천한다. 요금은 $2.50이며, 4세 이하는 무료이다. 자세한 노선은 다음 페이지를 참고한다.

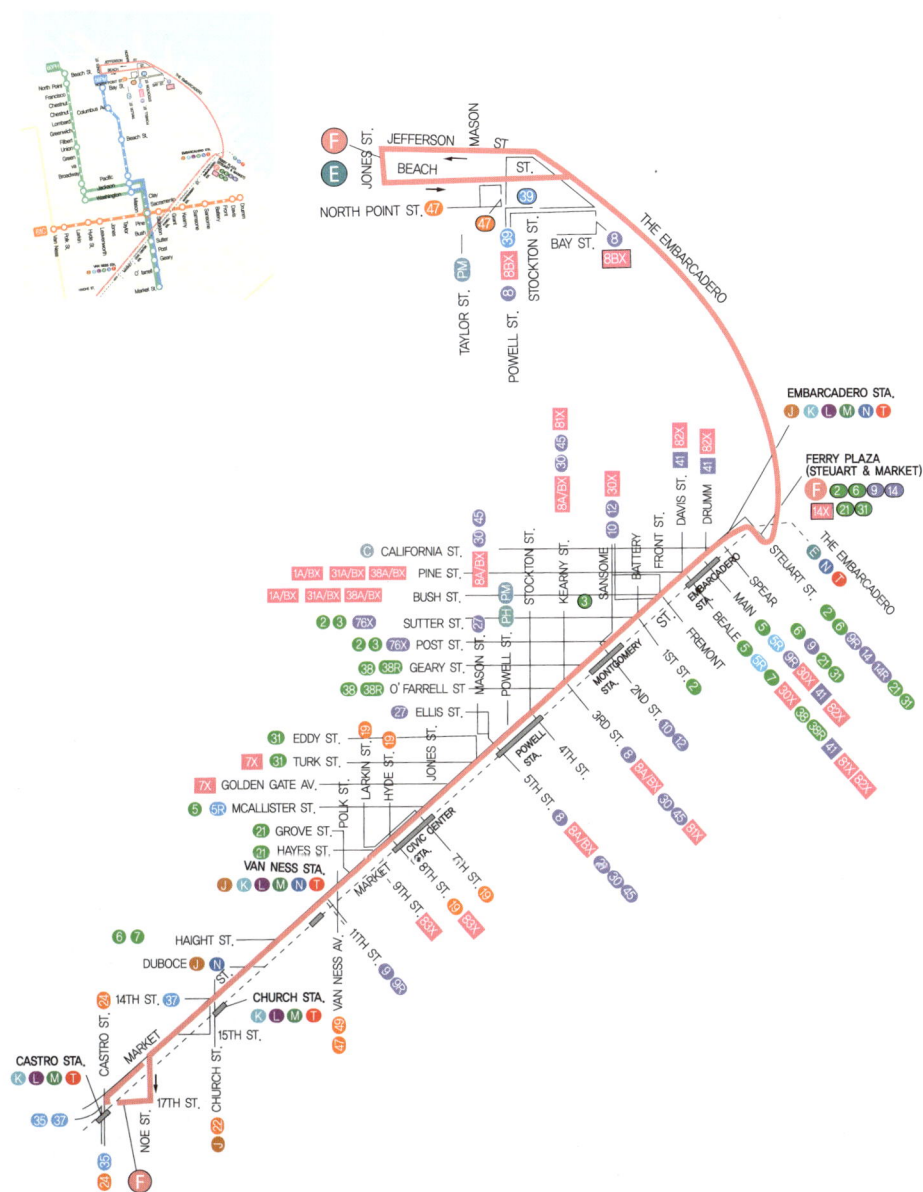

샌프란시스코의 스트리트카 노선도

Take your time

145

bucket list 10

트윈 픽스와 더 뷰에서
샌프란시스코 야경 감상하기
| 샌프란시스코 |

여행지에서 야경을 보며 하루를 마무리한다. 밤하늘을 밝히는 도시의 불빛을 바라보면 그날의 기억이 더 오래 머무는 기분이다. 도시마다 다르게 뽐내는 야경은 여행자들을 매료하기에 충분하다.
샌프란시스코에는 다양한 야경 포인트가 있다. 금문교의 뷰포인트는 물론 코이트 타워(Coit Tower), 베이 브리지(Bay Bridge), 시청사(San Francisco City Hall) 등 여러 곳이 있지만 가장 인상 깊은 곳은 트윈 픽스와 JW 메리어트 호텔 최상층에 위치한 더 뷰 라운지다. 트윈 픽스는 샌프란시스코를 다녀온 지인들이 모두 추천한 곳이고, 더 뷰는 우연히 알게 된 야경 명소다. 파노라마로 설계된 창문 너머로 펼쳐진 샌프란시스코 전경이 단번에 눈을 사로잡는다.

트윈 픽스에서 바라본 샌프란시스코 야경

샌프란시스코 야경

트윈 픽스
Twin Peaks

샌프란시스코의 43개 언덕 중 하나로 높이가 비슷한 2개의 언덕으로 이루어져 있어 트윈 픽스라고 불린다. 샌프란시스코에서 가장 높은 곳으로 파노라마 전경을 감상할 수 있다. 서쪽의 금문교와 북쪽의 다운타운까지 모두 한눈에 볼 수 있어서 여행자들의 발길이 끊이지 않는다. 도시에서 가장 높은 곳이기 때문에 추울 정도로 바람이 많이 부니 두꺼운 옷을 입거나 담요를 가져가는 것이 좋다. 생각보다 높은 곳에 위치해 운동할 목적이 아니라면 걸어서 올라가는 것은 사실상 불가능하다. 렌터카 또는 대중교통을 이용하는 것이 좋은데, 버스 배차 간격이 긴 편이니 시간이 많지 않다면 우버를 이용한다.

트윈 픽스에서 바라본 야경을 배경으로 찍은 사진들

주소 Twin Peaks, San Francisco, CA
전화번호 +1 415 831 6331
홈페이지 Http://sfrecpark.org
가는방법 렌터카, 우버 : 소살리토를 기준으로 금문교를 건너 베터런 대로(Veterans Blvd), 풀턴 스트리트(Fulton St), 스태니언 스트리트(Stanyan St), 오크 스트리트(Oak St), 클레이턴 스트리트(layton St), 트윈파크스 대로(Twin Peak's Blvd)를 차례로 달린다. 25분 소요 / 뮤니버스 : 36, 37번 승차, 74 Crestline Dr에서 하차 후 도보 7분

이런 불편함을 감수하고라도 꼭 가야 하는 이유는 샌프란시스코의 그 어느 곳보다 트윈 픽스에서 바라본 야경이 단연 최고이기 때문이다. 높이 올라온 덕분에 굳이 고개를 돌리지 않아도 샌프란시스코를 한눈에 담을 수 있다.

트윈 픽스 주차장에서 더 높은 언덕으로 올라가는 길이 있지만 주차장 쪽에서 바라보는 야경이 더 예쁘니 굳이 그곳까지 올라갈 필요 없다. 특히 야경을 배경으로 인물 사진을 찍기에 좋다. 상체만 나오게 찍으면 야경 속에 인물이 그대로 동화된 듯한 사진을 남길 수 있다.

더 뷰
The View

더 뷰는 JW 메리어트 호텔 최상층에 자리 잡은 라운지로 실내에서 야경을 감상하기에 최고의 장소이다. 날씨가 추워 야외에서 야경을 감상할 엄두가 나지 않는다면 이곳으로 가보자. 샌프란시스코의 해 질 녘 풍경과 야경을 감상하면서 여유로운 저녁을 보내기에 가장 좋다. 더 뷰의 파노라마 창문을 감싸는 시그니처 문양 사이로 보이는 샌프란시스코 전경은 상상 이상이다. 좋은 분위기의 공간에서 하루를 마무리하기에 더할 나위 없다.

더 뷰 전경,
구조물이 없을 때와
있을 때 비교

더 뷰 창가 자리에서 찍은 사진

좋은 야경을 감상하려면 창가 자리에 앉는 것이 관건이다. 하지만 주말에는 샌프란시스코 현지인과 관광객들로 문전성시를 이룬다. 오픈 시간에 맞춰 가면 창가 자리에 앉을 가능성이 조금이라도 있고, 다른 곳에 앉아 있다가 창가 자리가 나면 자리를 옮겨달라고 미리 말해둔다. 더 뷰는 창문을 감싸는 문양이 큰 부분을 차지하므로 창가 자리에 앉아 사진을 찍어야 독특하고 멋진 야경을 남길 수 있다. 카메라를 가져간다면 더할 나위 없이 좋다. 따로 예약은 받지 않는다.

주소 780 Mission St, San Francisco, CA
전화번호 +1 415 442 6003
홈페이지 http://sfviewlounge.com
가는방법 렌터카 / 우버 / 뮤니메트로 : Powell St-Halidie Plaza Station에서 하차 후 도보 6분 / 뮤니버스 : Market St & 4th St에서 하차 후 도보 4분
운영시간 매일 16:00-01:00

bucket list 11

사막의 휴양 도시 팜스프링스에서 여행의 쉼표 찍기

장시간을 비행기 안에서 보내야 하는 미국 여행은 아무래도 출발할 때부터 많은 체력이 소모된다. 스케줄도 일주일 이상 계획하기 때문에 처음부터 이것저것 많이 보려고 욕심을 부리다가는 여행 막바지에 급속도로 힘들어져 안 좋은 기억만 안고 돌아올 수 있다. 먹는 것도 컨디션이 좋아야 맛있게 느껴지게 마련이니 일정 중간에 꼭 쉬어 가는 날을 비워두는 것이 좋다. 미국 서부 여행에서 쉼표를 찍을 장소는 사막의 휴양 도시 팜스프링스이다. 아직 우리나라에는 잘 알려지지 않았지만 미국 내에서는 휴양 도시로 유명한 곳이다. 또한 해마다 세계적으로 유명한 '코첼라 밸리 뮤직 앤드 아트 페스티벌 (Coachella Valley Music and Arts Festival)'이 열리는 곳으로, 이국적인 풍경을 보며 여유로운 시간을 보낼 수 있다.

팜스프링스
Palm Springs

사우스캘리포니아의 샌재신토(San Jacinto) 산기슭에 위치한 팜스프링스는 사막에 둘러싸인 휴양 도시이다. 로스앤젤레스에서 자동차를 타고 2시간, 라스베이거스에서 4시간 거리에 있다. 팜스프링스에서 화려한 볼거리를 예상했다면 실망할 것이다. 바쁜 일상을 보내는 사람들이라면 꼭 팜스프링스에서 하루 정도 편안하게 묵으며 여유를 즐기길 추천한다. 넓은 수영장과 부대시설이 잘 갖춰진 리조트가 많고, 에어비앤비에서 개인 풀이 딸린 주택을 예약할 수 있다.

팜스프링스는 사막 도시답게 1년 내내 따뜻하고, 여름에는 기온이 40도까지 올라간다. 도시 자체가 이국적인 풍경이어서 곳곳이 포토 스폿이다. 예쁘게 꾸며진 리조트, 넓은 사막, 그리고 푸른 하늘로 쭉쭉 뻗은 거대한 야자수 등 어느 곳을 배경으로 사진을 찍어도 좋다. 배경은 크게, 인물은 작게 찍으면 멋진 사진을 남길 수 있다. 원색 계열의 옷을 입으면 사진이 더 잘 나온다는 점을 참고하자.

팜스프링스 전경

주소 Palm Springs, CA
가는방법 렌터카 : LA에서 2시간, 라스베이거스에서 4시간 소요 / 국내선 비행기 : LAX(LA)-PSP(팜스프링스) 하루 8회 운항 / 그레이하운드 : LA Union Station에서 탑승($25)

 휴식을 취할 게 아니라면 팜스프링스 일정은 생략해도 좋다.

주소	701 E Palm Canyon Drive, Palm Springs, CA 92264
전화번호	+1 760 325 9900
운영시간	http://acehotel.com
가격	$200~400

에이스 호텔 & 스윔 클럽

에이스 호텔 & 스윔 클럽
Ace Hotel & Swim Club

미국 내에서도 감각적이고 힙하기로 유명한 호텔 체인으로 리조트처럼 쾌적하게 호캉스를 누릴 수 있다. 특히 1층의 파티오가 딸린 룸을 추천한다. 방에 들어서면 비틀즈의 노래가 흘러나오고, 내부 시설 하나하나가 감각적으로 꾸며져 있다.

> **tip** 팜스프링스는 휴양 도시답게 평일보다 주말 요금이 특히 비싸니 여행 일정을 짤 때 참고하자.

노마스
Nomar's

파커 팜스프링스 호텔 안에 위치한 레스토랑으로 예쁘게 꾸며놓은 테라스 자리가 인기다. 호텔 레스토랑이라 비싸지만 맛있고 양도 많다. 또한 레스토랑과 호텔 자체가 너무 예뻐서 어느 곳이든 카메라를 들게 한다. 발렛파킹은 무료이고, 발렛 직원에게 차를 건네받을 때 팁만 지불하면 된다. 팁은 자유.

크루통에 담긴 시저 샐러드

주소 4200 E Palm Canyon Drive, Palm Springs, CA 92264
전화번호 +1 760 770 5000
홈페이지 http://theparkerpalmsprings.com
운영시간 매일 09:00-21:00
가격 $30~50

노마스 풍경

엘머스
Elmer's

에이스 호텔에서 도보 3분 거리에 있는 브런치 식당으로 이른 아침부터 현지인들로 가득한 곳이다. 독일식 팬케이크 더치 베이비가 유명하다.

주소 1030alm Canyon Drive, Palm Springs, CA 92264
전화번호 +1 760 327 8419
홈페이지 http://eatatelmers.com
운영시간 매일 06:00-21:00
가격 $15~30

베이컨 아보카도 오믈렛(좌)과 독일식 팬케이크 더치 베이비(우)

special
팜스프링스 추천 숙소

파커 팜스프링스(Parker Palm Spings)

입구부터 명품 브랜드 CF에 등장할 정도로 유명한 호텔이다. 투숙객만 들어갈 수 있는 파커 팜스프링스의 정원은 여자들이라면 누구나 좋아할 모습으로 꾸며져 사진 찍느라 시간 가는 줄 모른다. 에이스 호텔보다 가격은 비싸다.

주소 4200 E Palm Canyon Drive, Palm Springs, CA 92264
전화번호 +1 760 770 5000
홈페이지 http://www.parkerpalmsprings.com
가격 $300~500

더 사구아로 팜스프링스 호텔(The Saguaro Palm Spings Hotel)

형형색색의 외관부터 눈길을 사로잡는 호텔로 에이스 호텔이나 파커 팜스프링스보다 가격대가 저렴한 편이다. 외관만큼이나 내부도 원색으로 가득해 휴양지에 온 기분을 그대로 느낄 수 있다.

주소 1800 E Palm Canyon Drive, Palm Springs, CA 92264
전화번호 +1 760 323 1711
홈페이지 http://thesaguaro.com
가격 $150~300

course
1일 코스

라스베이거스에서 조슈아트리 국립공원을 거쳐 팜스프링스 숙소에 오는 일정으로 하루를 보냈다면 그다음 날 일정으로 추천한다.

팜스프링스 에어리얼 트램웨이 Palm Springs Aerial Tramway

주소 1 Tram Way, Palm Springs, CA 92264
전화 +1888 515 8726
홈페이지 http://pstramway.com
운영시간 월~금요일 10:00-20:00, 토~일요일 08:00-20:00

- 팜스프링스 인근 치노캐니언 (Chino Canyon)에 위치한 세계 최대의 회전식 케이블카로 최대 360도까지 회전한다. 출발지인 밸리역에서 도착지인 마운틴역까지 약 10분 정도 소요되며 높이는 806미터에서 시작해 2,596미터까지 올라간다. 6월 낮 기온을 기준으로 40도인 아래쪽에 비해 정상은 25도 정도여서 고도에 따른 온도 차이가 꽤 큰 편이다. 마운틴역에서는 샌재신토 정상으로 향하는 여러 트레일 코스를 따라 하이킹도 즐길 수 있다.

팜스프링스 다운타운 Palm Springs Downtown

주소 279 N Palm Canyon Dr, Palm Springs, CA(Palm Springs Downtown Parking Garage 로 검색)

- 팜스프링스 다운타운은 아담하지만 휴양지답게 꽤 괜찮은 맛집, 상점, 갤러리 등이 있다. 상점들 사이사이로 팜스프링스를 상징하는 멋진 야자수들이 이국적인 모습이다. 다운타운 인근에는 데저트 핫 스프링스(Desert Hot Springs)라는 온천도 있다. 아무래도 온천은 여름보다는 겨울이 좋다. 고급 호텔부터 중저가 숙소까지 풀과 스파를 갖춘 곳이 많다.

데저트 힐 프리미엄 아웃렛 Desert Hills Premium Outlet

주소 48400 Seminole Dr, Cabazon, CA 92264
전화 +1 951 849 6641
홈페이지 http://premiumoutlets.com
운영시간 월~토요일 09:00-21:00, 일요일 10:00-20:00

- 로스앤젤레스에서 최대 규모를 자랑하며 명품 브랜드가 많아 미국 서부 여행객들에게 인기 많은 아웃렛이다. 안내소에서 여권과 신용카드를 보여주면 할인 쿠폰 북을 나눠 주니 잘 활용하자. 거대한 산과 사막 한가운데 세워진 쇼핑 거리를 구경하는 것만으로도 신기한 체험이다.

bucket list 12

레이크 할리우드 파크에서
여유롭게 할리우드 사인 감상하기
| 로스앤젤레스 |

도심 속 공원은 여행 중 잠시 쉬어 가며 여유를 즐기기에 더없이 좋은 곳이다. 샌프란시스코는 돌로레스 파크와 알라모 스퀘어 파크, 로스앤젤레스는 레이크 할리우드 파크가 그렇다. 덤으로 할리우드 사인을 더욱 가까이에서 볼 수 있는 곳이다.

레이크 할리우드 파크에서 바라본 할리우드 사인

레이크 할리우드 파크
Lake Hollywood Park

로스앤젤레스 하면 생각나는 것이 바로 영화의 중심지 할리우드일 것이다. 할리우드의 상징이라고 할 수 있는 그 유명한 할리우드 사인을 가까이에서 볼 수 있는 곳이 바로 레이크 할리우드 파크이다. 산중턱에 위치한 이 공원은 생각보다 규모가 크지 않다. 아직은 관광객들에게 많이 알려지지 않은 곳으로, 할리우드 사인을 가까이에서 보기 위해 온 사람들, 애완견과 노는 사람들, 친구 또는 가족과 피크닉을 즐기는 사람들로 여유가 넘치는 곳이다.

 주소 3160 Canyon Lake Dr, Los Angeles, CA
전화번호 +1 818 243 1145
홈페이지 http://laparks.org
가는방법 대중교통을 이용하더라도 많이 걸어야 하니 우버 또는 렌터카를 이용하는 것이 좋다. 우버 사용법 34쪽 참고

레이크 할리우드 파크에서 여유를 즐기는 사람들

할리우드 사인 감상하며 인생 사진 남기기
Hollywood Sign

로스앤젤레스에서 가장 유명한 조형물 중에 하나인 할리우드 사인은 높이 14미터 너비 61미터의 대형 간판으로 맑은 날에는 50킬로미터 밖에서도 보일 만큼 규모가 크다. 산타모니카 산맥의 리산 할리우드 힐스 지역에 설치되어 있으며 영화 산업이 발전하면서 할리우드의 상징이 되었고, 현재는 세계적으로 유명한 랜드마크로 꼽힌다. 많은 관광객들이 할리우드 사인을 배경으로 사진을 찍기 위해 차이니스 극장(Chinese Theatre) 또는 하이랜드(Highland)로 간다. 하지만 그곳은 할리우드 사인에서 멀고 사람들도 많아 제대로 인생 사진을 찍을 수 없다. 레이크 할리우드 파크는 할리우드 사인을 가까이에서 볼 수 있는 숨겨진 명소로 공원에서 잠깐 쉬어 가며 피크닉을 즐기기에도 좋다. 레이크 할리우드 파크에서 오르막길로 조금만 걸어 올라가면 더 래스트 하우스 온 멀홀랜드(The Last House on Mulholland)라는 뷰포인트가 있는데, 여기에서는 할리우드 사인을 더 가까이 볼 수 있다.

할리우드 사인을 배경으로 찍은 사진

special
레이크 할리우드 파크 맛집

실버레이크 라멘(Silverlake Ramen)

로스앤젤레스에서 상당히 인기 있는 일본 라멘 전문점으로 식사 시간대에 가면 항상 대기를 해야 한다.

주소 2927 Sunset Blvd, Los Angeles, CA
전화번호 +1323 660 8100
홈페이지 http://silverlakeramen.com
운영시간 일~목요일 11:30-23:00, 금~토요일 11:30-01:45
가격 $10~20

로컬(Local)

레이크 할리우드 파크 근처의 카페 겸 간단한 식사를 할 수 있는 곳으로 야외 테이블에서 브런치를 즐기기에 좋다.

주소 2943 Sunset Blvd, Los Angeles, CA
전화번호 +1323 662 4740
홈페이지 http://localsilverlake.com
운영시간 수~일요일 09:00-15:00 / 매주 월~화요일 휴무
가격 $10~20

course
1일 코스

할리우드 Hollywood

주소 Lanewood Ave &, N La Brea Ave, Los Angeles, CA 90028(The Walk of Fame으로 검색)

할리우드는 라브레아 애비뉴(La Brea Ave)에서 바인 스트리트(Vine St)에 이르는 할리우드 대로(Hollywood Blvd)를 가리킨다. 라브레아 애비뉴부터 가워 스트리트(Gower St)까지 5킬로미터에 걸친 할리우드 명예의 거리 더 워크 오브 페임(The Walk of Fame)에는 영화배우들의 이름이 새겨진 스타의 별이 바닥에 박혀 있다. 한국계로는 유일하게 도산 안창호 선생의 장남 안필립 씨의 이름이 있다.

더 워크 오브 페임을 따라 걷다 보면 할리우드 & 하이랜드 센터(Hollywood & Highland Center)가 나오는데 이곳 돌비 극장에서 매년 아카데미 시상식이 열린다. TCL 차이니즈 극장은 독특한 외관뿐만 아니라 극장 앞에 수많은 스타들의 손과 발 도장이 찍혀 있어 항상 관광객들로 붐빈다. 이 밖에도 할리우드 벽화, 마담투소 밀랍 인형관, 그리피스 파크(할리우드 사인을 볼 수 있는 곳), 기네스 월드 뮤지엄 등이 있다.

레이크 할리우드 파크(164쪽)

주소 3160 Canyon Lake Dr, Los Angeles, CA
전화번호 +1 818 243 1145
홈페이지 http://laparks.org
가는방법 대중교통을 이용하더라도 많이 걸어야 하니 우버 또는 렌터카를 이용하는 것이 좋다. 우버 사용법 34쪽 참고

그리피스 천문대(186쪽)

주소 2800 East Observatory Rd, Los Angeles, CA
전화번호 +1 213 473 0800
홈페이지 http://griffithobserbatory.org
가는방법 대중교통으로 가기는 힘드니 렌터카 또는 우버를 이용하는 것이 좋다.
운영시간 화~금요일 12:00-22:00, 토~일요일 10:00-22:00 / 매주 월요일, 추수감사절, 크리스마스 휴관

Take your time

LiKe _____
_____ a movie

bucket list 13

영화 〈인사이드 아웃〉의
롬바드 스트리트
| 샌프란시스코 |

한국에서도 엄청난 흥행을 거둔 애니메이션 〈인사이드 아웃〉을 보면서 들었던 생각은 '저렇게 예쁜 가상의 장소를 어떻게 생각해내고 그렸을까' 하는 것이었다. 그런데 너무 예뻐서 비현실적으로 느껴지는 영화 속 배경들이 샌프란시스코에 실존하는 장소다. 그중 유난히 눈에 띈 것은 구불구불 경사진 도로 사이사이에 꽃이 피어 있는 롬바드 스트리트다. 겨울보다 봄, 여름, 가을에 여행하면 좋다.

롬바드 스트리트 전경

롬바드 스트리트
Lombard Street

샌프란시스코 동서부에 있는 롬바드 스트리트는 8개의 급경사로 이루어진 세계에서 가장 구불구불한 길이다. 밑에서 위를 올려다보는 풍경, 위에서 밑을 내려다보는 풍경, 차를 타고 내려가면서 보는 풍경이 모두 다르다. 특히 봄이 되면 길가에 꽃들이 만개해 더더욱 예쁜 풍경을 선사한다. 차들이 계속 내려오기 때문에 〈인사이드 아웃(Inside Out)〉에서 본 것과 같은 장면을 사진으로 남기기는 쉽지 않다.

샌프란시스코 거리 곳곳은 오르막과 내리막의 연속이다. 특히 롬바드 스트리트는 언덕 가장 높은 곳에 위치해 거리는 짧지만 오르막이 상상 이상으로 많아 걸어서 가기에는 힘든 곳이다(운동 삼아 걸어간다면 상관없다). 렌터카로 구불구불한 길을 천천히 내려오는 것도 관광 코스 중 하나이다. 롬바드 스트리트는 제일 높은 곳에 위치한 정류장에서 케이블카를 타고 내려오면서 보는 것이 좋다. 꽃이 피지 않는 시기에는 기대했던 것과 조금 다른 풍경에 실망할 수 있지만, 샌프란시스코 명물인 케이블카를 타는 것만으로도 하나의 여행이 된다. 롬바드 스트리트를 등지고 무심코 바라본 샌프란시스코 전경이 너무 아름답다.

주소 Lombard St, San Francisco, CA
가는 방법 렌터카 / 우버 / 케이블카 Hyde St & Lombard St에서 하차

롬바드 스트리트
꼭대기에서
바라본 풍경

tip 롬바드 스트리트를 등지거나 롬바드 스트리트 건너편에서 샌프란시스코 전경을 배경으로 사진을 찍을 수 있다.

유럽에서 수많은 도시의 황홀한 전경을 수도 없이 봤지만 샌프란시스코의 전경은 그곳에는 없는 무언가로 마음을 흔든다. 언덕길에서 바라본 경사진 풍경은 더 매력적이다. 저 멀리 보이는 바다, 또 다른 언덕 끝에 하얗게 우뚝 솟은 코이트 타워가 그 풍경의 정점을 찍는다. 꽃이 만개하는 시기라면 더할 나위 없겠지만 그렇지 않더라도 이 풍경 때문에 꼭 가보길 추천한다.

주소 2201 Chestnut St, San Francisco, CA
전화번호 +1 415 931 6258
홈페이지 http://superduperburgers.com
운영시간 매일 07:00-23:00
가격 $10~20

슈퍼 두퍼 버거

슈퍼 두퍼 버거
Super Duper Burgers

뉴욕에 쉐이크쉑 버거, 로스앤젤레스에 인앤아웃(In N Out) 버거가 있다면 샌프란시스코에는 슈퍼 두퍼 버거가 있다. 샌프란시스코에서만 맛볼 수 있는 체인 수제 버거로 롬바드 스트리트에서 도보 15분 거리의 체스트넛 스트리트에 있다.

tip 롬바드 스트리트 추천 맛집

마마스(Mama's)
롬바드 스트리트에서 도보 10분 거리에 있는 마마스는 미국식 브런치 전문점이다. 워낙 유명한 곳이어서 어느 시간대에 가더라도 대기를 해야 한다.

주소 1701 Stockton St, San Francisco, CA
전화번호 +1 415 362 6421
홈페이지 http://mamas-sf.com
운영시간 화~일요일 08:00-15:00 / 매주 월요일 휴무
가격 $5~12

피츠 커피(Peet's Coffee)
커피가 유명한 샌프란시스코에서도 유명한 카페 중 하나이다. 롬바드 스트리트에서 도보 15분 거리인 체스트넛 스트리트에 있다.

주소 2080 Chestnut St, San Francisco, CA
전화번호 +1 415 635 2393
홈페이지 http://locations.peets.com
운영시간 월~금요일 05:00-21:00, 토~일요일 05:30-20:00
가격 $5~10

course
1일 코스

○ **롬바드 스트리트**(174쪽)

주소 Lombard St, San Francisco, CA
가는 방법 렌터카 / 우버 / 케이블카 Hyde St & Lombard St 하차 / 뮤니버스
◦ 파웰-하이드(Powell-Hyde) 방면 케이블카를 타고 롬바드 스트리트로 이동하자. 142쪽 참고

체스트넛 스트리트 Chestnut street

◦ 롬바드 스트리트에서 도보 15분 거리로 예쁜 카페와 상점들이 즐비하다. 우리나라의 가로수길과 비슷한 분위기이지만 좀 더 여유롭고 조용하다. 거리를 산책하다 아무 카페에나 들어가 커피를 한잔 마시는 것만으로도 힐링이 된다. 그중 달콤한 케이크를 맛볼 수 있는 수지 케이크와 쇼핑할 수 있는 브랜디 멜빌을 추천한다.

○ **수지 케이크** Susie Cakes

주소 2109 Chestnut St, San Francisco, CA
전화번호 +1 415-474-2253
홈페이지 http://susiecakes.com
운영시간 매일 10:00-20:00
가격 $3~6

◦ 다양한 종류의 컵케이크와 쿠키를 파는 수지 케이크는 예쁜 외관 덕분에 그냥 지나칠 수 없는 곳이다. 컵케이크를 좋아하는 사람이라면 반드시 들러야 할 곳이다.

브랜디 멜빌 Brandy Melville

주소 2085 Chestnut St, San Francisco, CA
전화번호 +1 415-292-7754
홈페이지 http://brandymelvilleusa.com
운영시간 매일 10:00-20:00

◦ 미국 의류 브랜드로 포에버21과 비슷하지만 좀 더 깔끔한 디자인이 많아 지갑을 열게 하는 곳이다.

Like a movie

bucket list 14

알라모 스퀘어 파크와 페인티드 레이디스
| 샌프란시스코 |

페인티드 레이디스는 영화 〈미세스 다웃파이어〉를 비롯해 미국 드라마와 CF에 자주 등장한다. 페인티드 레이디스는 알라모 스퀘어 파크 맞은편에 서로 다른 파스텔 색으로 채색한 7채의 빅토리아 양식 건물을 말하는데, 많은 여행 후기와 사진으로 잘 알려진 곳이다.

알라모 스퀘어 파크에서 바라본 페인티드 레이디스

알라모 스퀘어 파크
Alamo Square Park

뮤니버스를 타고 'Hayes St & Steiner St'에서 하차해 2분 정도 걸어가서 근처를 둘러보면 '바로 이곳이구나!'라고 단번에 알아볼 수 있다. 영화와 텔레비전에서 보기도 했지만 세트장 같은 파스텔 톤의 집들이 나란히 이어진 모습은 단연 눈에 띈다. 파란 하늘과 밝은 햇살에 더욱 선명한 파스텔 톤의 집들은 로맨틱한 풍경 그 자체다. 더 자세히 보려면 맞은편 알라모 스퀘어 파크로 가보자. 현지인들은 편하게 앉아 담소를 나누거나 누워서 일광욕을 즐기고, 많은 관광객들은 파스텔 톤의 집 페인티드 레이디스를 바라보며 사진을 찍는다. 알라모 스퀘어 파크는 도시 중앙에 자리 잡고 있다. 돌로레스 파크보다는 덜하지만 이곳도 경사진 곳이어서 마치 전망대처럼 페인티드 레이디스를 비롯해 도심의 건물들을 내려다보며 잠시 휴식을 취하기에 좋다.

> **tip 뮤니버스로 이동하기**
> 빨간색과 파란색으로 'MUNI'라고 씌어 있거나 흰색으로 'BUS STOP'이라고 씌어진 표지판이 있는 곳이 뮤니버스 정류장이다. 뮤니패스(31쪽 참고)가 없다면 현금($3)으로 지불하면 된다. 잔돈을 거슬러 주지 않으니 정확한 금액을 미리 준비하는 것이 좋다. 버스 기사는 종이 티켓을 찢어 주는데 표시된 시간까지 케이블카를 제외하고 다른 뮤니버스로 환승할 수 있다. 90분 내에 2회까지 탑승 가능하다. 우리나라처럼 정차 알림 벨이 없으니 목적지 정류장에 도착하기 전 버스 창가에 매달린 줄을 잡아당겨 종소리를 울린다.

주소 Steiner St & Hates St, San Francisco, CA
전화번호 +1 415 218 0259
홈페이지 http://sfrecpark.org
가는 방법 렌터카 / 우버 / 뮤니버스 Hayes St & Steiner St에서 하차 후 도보 2분
운영시간 매일 05:00-24:00

알라모 스퀘어 파크

페인티드 레이디스
Painted Ladies

알라모 스퀘어 파크에서는 많은 사람들이 같은 곳을 바라보며 사진을 찍는 모습을 볼 수 있다. 바로 수많은 CF와 영화 〈미세스 다웃파이어(Mrs. Doubtfire)〉(1993)에 등장한 페인티드 레이디스이다. 페인티드 레이디스는 빅토리아 양식으로 지어진 7채의 집을 일컫는다. 파스텔 톤으로 알록달록 페인트칠을 한 건물들이 경사진 도로를 따라 일렬로 쭉 늘어선 모습이 아름답다고 해서 붙여진 이름이다. 무려 약 100년 전에 지어졌는데도 잘 관리되고 있다는 사실이 더욱 놀랍다.
실제로 사람들이 거주하기 때문에 너무 가까이에서 사진을 찍는 것은 금지되어 있으니 유의한다. 알라모 스퀘어 파크에서 페인티드 레이디스 방향을 바라보거나 집들을 배경으로 찍으면 멋진 사진을 남길 수 있다.

special
알라모 스퀘어 파크 맛집

노파(Nopa)

알라모 스퀘어 파크 바로 옆에 1~2층으로 자리 잡은 노파는 미국 가정식을 파는 곳이다. 현지인들에게도 인기 있는 레스토랑이므로 저녁 식사 시간대에는 예약이 필수이다.

주소 560 Divisadero St, San Francisco, CA
전화번호 +1 415 864 8643
홈페이지 http://nopasf.com
운영시간 월~목요일 17:00-24:00, 금요일 17:00-01:00, 토요일 10:30-01:00, 일요일 10:30-24:00
가격 $20~50

더 밀(The Mill)

알라모 스퀘어 파크 바로 옆에 위치한 카페로 간단하게 한 끼 식사를 할 수 있다. 알라모 스퀘어 파크에서 피크닉을 한다면 더 밀에서 샌드위치, 피자, 토스트 등을 포장해 가자.

주소 736 Divisadero St, San Francisco, CA
전화번호 +1 415 345 1953
홈페이지 http://themillsf.com
운영시간 매일 07:00-21:00
가격 $5~15

course
1일 코스

하루 정도 시간을 내어 골목골목을 누비며 도시 여행을 즐겨보자. 여기서 소개하는 3곳은 모두 도보로 이동 가능하다. 다리는 조금 아플 수 있지만 멋진 추억을 갖게 될 것이다.

알라모 스퀘어 파크 / 페인티드 레이디스
(180쪽)

주소 Steiner St & Hates St, San Francisco, CA
전화번호 +1 415 218 0259
홈페이지 http://sfrecpark.org
가는 방법 렌터카 / 우버 / 뮤니버스 Hayes St & Steiner St 하차 후 도보 2분
운영시간 매일 05:00-24:00

헤이스 밸리(68쪽)

주소 지정된 주소가 없으므로 구글맵에 Hayes Valley 또는 Patricia's Green (공원)을 검색한다. Fell St & Octavia Blvd, San Francisco, CA(Patricia's Green)
전화번호 +1 415 274 0291(Patricia's Green)
홈페이지 http://sfrecpark.org
가는방법 뮤니메트로 : J, K, T, M, N line Van Ness Station에서 하차 후 도보 9분 / 우버 . F line Market St & South Van Ness Avenue Station에서 하차 후 도보 8분 / 뮤니버스 : Haight St & Gough Station에서 하차 후 도보 5분

◦ 알라모 스퀘어 파크, 필모어 스트리트와 함께 걸어볼 것을 추천!

필모어 스트리트 Fillmore Street

위치 구글 지도에서 Fillmore St 검색

◦ 헤이스 밸리와 비슷한 분위기의 거리로 곳곳에 노천 카페, 파스텔 톤의 예쁜 건물, 벽화들이 있어 걷기만 해도 기분이 좋아지는 곳이다. 헤이스 밸리보다 조용하고 차분하며 라이브 클럽이나 바가 많아 밤이 되면 들뜨고 신나는 분위기를 선사한다. 매년 7월에 열리는 필모어 재즈 페스티벌은 미국 서부에서 규모가 가장 큰 축제이다.

Live a movie

bucket list 15

그리피스 천문대에서
〈라라랜드〉 주인공 되어보기
| 로스앤젤레스 |

여행지의 유명 스폿은 관광객이 많아 제대로 느끼지 못할 것이라는 선입견이 있다. 실제로 가보니 '별로다'라는 여행 후기도 심심찮게 듣는다. 똑같은 것을 보고 경험하면서도 각자 느끼고 생각하는 것이 다르게 마련이듯이 여행지도 마찬가지다. 많은 사람들이 좋아하는 장소라 하더라도 내 마음을 움직이지 못할 수 있다. 반대로 내가 좋아하는 곳을 남들은 선호하지 않기도 한다. 하지만 '유명한 곳은 그만한 이유가 있구나'라고 생각되는 곳이 있는데, 그중 하나가 그리피스 천문대다. 로스앤젤레스의 해질 녘과 야경을 여유 있게 감상하다 보면 좋았던 순간들이 머릿속과 마음속에 차곡차곡 채워진다. 여행이 끝난다는 아쉬움보다 여운을 느낄 수 있는 장소이다.

그리피스 천문대
Griffith Observatory

로스앤젤레스 여행에서 대표적으로 떠올리는 관광지가 바로 그리피스 천문대. 영화 <라라랜드>에서 주인공 미아와 세바스천이 사랑을 확인하며 별빛 아래서 춤을 추는 곳으로 꽤 길게 등장해 더욱더 유명해졌다. 영화처럼 고즈넉한 분위기는 아니지만 어둠이 내릴수록 더욱 아름답게 반짝이는 도시의 불빛과 밤하늘의 별빛을 보며 오래도록 머물고 싶은 곳이다. 일몰 시간에 맞춰 가면 그야말로 영화 속으로 들어간 기분이다.

그리피스 천문대의 해 질 녘

주소 2800 East Observatory Rd, Los Angeles, CA
전화번호 +1 213 473 0800
홈페이지 http://www.griffithobserbatory.org
가는방법 대중교통으로 가기는 힘드니 렌터카 또는 우버를 이용하는 것이 좋다
운영시간 화~금요일 12:00-22:00, 토~일요일 10:00-22:00 / 매주 월요일, 추수감사절, 크리스마스 휴관
입장료 ¢50

그리피스 천문대 전경

> **tip 주차하기**
> 일찍 도착하지 않는 한 천문대 주차장에 자리를 잡기 어려우니, 그릭 극장(The Greek Theatre)에 주차한 후 셔틀버스를 이용하는 것이 좋다(편도 ¢50). 천문대에서 다시 주차장으로 가기 위한 셔틀버스 줄이 길면 걸어서 내려가자(도보 10분). 내리막길이라 힘들지 않고 시원한 밤바람을 맞으며 산책할 수 있다.

special
여유롭게 야경 감상하기

그리피스 천문대는 로스앤젤레스의 야경을 한눈에 감상할 수 있어 야경을 좋아하는 여행자들에게 필수 코스이다. 천문대 안으로 들어가면 푸코의 추, 갈릴레오의 망원경, 천문박물관, 레이저쇼 등을 대부분 무료로 볼 수 있다. 시간대별로 관람할 수 있는 별도의 쇼($7)도 있지만 딱히 추천하지 않는다. 갈릴레오의 망원경으로 도시의 야경을 감상해보자. 망원경 배율이 저 멀리 고층 건물에 쓰인 글자를 읽을 수 있는 정도여서 신기한 체험을 할 수 있다.

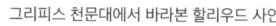
그리피스 천문대에서 바라본 로스앤젤레스 야경

그리피스 천문대에서 바라본 할리우드 사인

tip 그리피스 천문대는 항상 관광객들로 붐비기 때문에 근접 사진이 아니라면 어떻게 사진을 찍어도 프레임에 다른 사람들의 모습이 걸린다. 그럴 때는 구석으로 옮겨보자. 대부분 사람들이 가운데 서서 야경을 감상하기 때문에 측면은 한산하다. 그곳에서 정면보다 아래에서 위로 찍으면 좋은 사진을 남길 수 있다.

course
1일 코스

할리우드 Hollywood

주소 Lanewood Ave &, N La Brea Ave, Los Angeles, CA 90028(The Walk of Fame으로 검색)

- 할리우드는 라브레아 애비뉴(La Brea Ave)에서 바인 스트리트(Vine St)에 이르는 할리우드 대로(Hollywood Blvd)를 가리킨다. 라브레아 애비뉴부터 가워 스트리트(Gower St)까지 5킬로미터에 걸친 할리우드 명예의 거리 더 워크 오브 페임(The Walk of Fame)에는 영화배우들의 이름이 새겨진 스타의 별이 바닥에 박혀 있다. 한국계로는 유일하게 도산 안창호 선생의 장남 안필립 씨의 이름이 있다.

더 워크 오브 페임을 따라 걷다 보면 할리우드 & 하이랜드 센터(Hollywood & Highland Center)가 나오는데 이곳 돌비 극장에서 매년 아카데미 시상식이 열린다. TCL 차이니즈 극장은 독특한 외관뿐만 아니라 극장 앞에 수많은 스타들의 손과 발 도장이 찍혀 있어 항상 관광객들로 붐빈다. 이 밖에도 할리우드 벽화, 마담투소 밀랍 인형관, 그리피스 파크(할리우드 사인을 볼 수 있는 곳), 기네스 월드 뮤지엄 등이 있다.

레이크 할리우드 파크(164쪽)

주소 3160 Canyon Lake Dr, Los Angeles, CA
전화번호 +1 818 243 1145
홈페이지 http://laparks.org
가는방법 대중교통을 이용하더라도 많이 걸어야 하니 우버 또는 렌터카를 이용하는 것이 좋다. 우버 사용법 34쪽 참고

그리피스 천문대(186쪽)

주소 2800 East Observatory Rd, Los Angeles, CA
전화번호 +1 213 473 0800
홈페이지 http://griffithobserbatory.org
가는방법 대중교통으로 가기는 힘드니 렌터카 또는 우버를 이용하는 것이 좋다
운영시간 화~금요일 12:00-22:00, 토~일요일 10:00-22:00 / 매주 월요일, 추수감사절, 크리스마스 휴관

Like a movie

bucket list 16

〈라라랜드〉의 데이트 장소 앤젤스 플라이트와 그랜드 센트럴 마켓

| 로스앤젤레스 |

영화에서 아름답고 멋진 장소를 보면 그곳으로 떠나고 싶게 마련이다. 〈라라랜드〉가 한창 인기를 끌 때는 어디를 가든 OST가 흘러나왔고, SNS에는 영화 배경지 사진과 여행 후기들로 가득했다. 구체적으로 어디인지 찾아보지 않아도 로스앤젤레스에 대한 환상이 더욱 커졌고, 그곳을 여행하는 것 자체가 하나의 버킷리스트가 되었다. 영화에 등장하는 곳 중에 가장 가보고 싶었던 곳이 주인공 미아와 세바스천의 데이트 장소인 앤젤스 플라이트와 그랜드 센트럴 마켓이다.

앤젤스 플라이트 전경

앤젤스 플라이트
Angels Flight

앤젤스 플라이트는 벙커 힐(Bunker Hill)에서 그랜드 센트럴 마켓(Grand Central Market)까지 약 700미터를 오가는 아주 짧은 트램이다. 1901년 완공되었고 로스앤젤레스의 역사-문화 기념물 4호로 의미가 크다. 2001년 사망 사고가 일어나면서 영구적으로 운행이 중단되었다가, 〈라라랜드〉의 인기 덕분에 2017년 8월 31일부터 다시 개통되었다. 경사진 철도를 2개의 트램이 짧은 간격으로 오르락내리락하는데 트램의 이름은 각각 사이나이(Sinai)와 올리벳(Olivet)이라고 한다.

앤젤스 플라이트를 타는 입구

<라라랜드>의 앤젤스 플라이트의 키스신

앤젤스 플라이트 외부　　　　　　　　　　　　앤젤스 플라이트 내부

영화 <라라랜드>를 봤다면 누구나 앤젤스 플라이트를 인상 깊게 기억할 것이다. 영화 속에서는 두 주인공의 로맨틱한 키스신의 배경으로 짧게 등장했지만 실제로 보면 도심 속에서 미국의 역사를 느낄 수 있다. 앤젤스 플라이트는 비싸지는 않지만 편도($1)로 요금을 받는다. 한 가지 팁은 그랜드 센트럴 마켓 건너편에서 타는 것보다 힐 스트리트(Hill St)에서 도시의 전경을 내려다보고 트램을 타고 내려오는 것이 더 좋다. 겉모습보다 내부가 더 예쁘니 편도든 왕복이든 꼭 타보기를 추천한다.

주소 350 South Grand Ave Los Angeles, CA
가는방법 렌터카 / 우버 / 메트로 : 퍼플 라인 Pershing Square Station 에서 하차 후 도보 5분
운행시간 매일 06:45-22:00
가격 편도 $1, 교통카드 ¢50

그랜드 센트럴 마켓
Grand Central Market

앤젤스 플라이트를 타고 짧은 거리를 내려가면 길 건너편에 사람들로 북적이는 큰 건물이 그랜드 센트럴 마켓이다. 문을 연 지 자그마치 101년이나 된 아주 오래된 마켓이다. 지금은 전 세계의 다양한 음식들을 맛볼 수 있는 식당들로 대부분의 공간이 채워져 있다. 백 년이 넘었다고 하니 굉장히 낡고 촌스러울 것이라 생각되지만 실제로는 힙한 매장들로 가득하다.

그랜드 센트럴 마켓의 외관

그랜드 센트럴 마켓에 가기 전에는 반드시 속을 비우자. 전 세계 음식들로 가득한 이곳에서 한 가지만 먹을 수는 없다. 각 식당들은 오픈키친으로 작은 공간을 차지하고 있기 때문에 한 바퀴 둘러본 다음 먹고 싶은 음식을 골라서 주변에 마련된 바 또는 테이블에서 먹거나 밖으로 가지고 나와 야외 공간에서 먹으면 된다.

주소 317 South Broadway Los Angeles, CA
전화번호 +1 213 624 2378
홈페이지 http://www.grandcentralmarket.com
가는방법 렌터카 / 우버 / 메트로 : 퍼플 라인 Pershing Square Station 에서 하차 후 도보 5분
운영시간 일·월~수요일 08:00-18:00, 목~토요일 08:00~21:00

에그 슬럿
Egg Slut

그랜드 센트럴 마켓 내에 있는 맛집이다. 한국에서도 유명한 에그 슬럿은 식사 시간을 피해 가도 30분 정도는 기다려야 한다. 음식이 나오면 우리나라에서 흔한 번호표나 진동 벨 없이 이름을 부르니 근처에서 귀를 기울여야 한다. 추천 메뉴는 이곳의 시그니처인 에그 슬럿과 에그베이컨 샌드위치.

주소 317 S Broadway, Los Angeles, CA 그랜드 센트럴 마켓 내부
홈페이지 eggslut.com
전화번호 +1 213-625-0292
운영시간 08:00~16:00

course
1일 코스

앤젤스 플라이트를 타고 내려와 건너편에 있는 그랜드 센트럴 마켓 안으로 들어와 반대쪽 입구로 나가면 브래드버리 빌딩이 있으니 3곳을 묶으면 좋은 여행 코스가 된다.

앤젤스 플라이트 (193쪽)

주소 350 South Grand Ave Los Angeles, CA
가는방법 렌터카 / 우버 / 메트로 : 퍼플 라인 Pershing Square Station에서 하차 후 도보 5분
운행시간 매일 06:45-22:00
가격 편도 $1, 교통카드 ¢50

그랜드 센트럴 마켓의 맛집들

사리타스 푸푸세리아 Sarita's Pupuseria
◇ <라라랜드>의 두 주인공이 데이트를 즐긴 식당으로 엘살바도르 전통 음식점이다. 엘살바도르 음식이 낯설겠지만 영화의 광팬이라면 이곳에서 점심을 즐겨보는 것도 좋을 것이다.

<라라랜드>의 두 주인공이 데이트를 즐기는 모습

맥코넬스 파인 아이스크림 McConnell's Fine Icecream
◇ 산타바버라에서 시작된 수제 아이스크림 전문점으로 와플 콘에 달콤한 크림, 짭짤한 카라멜 칩의 조화가 입안을 행복하게 해준다. 시솔트와 쿠키 등이 인기 있다.

브래드버리 빌딩 (200쪽)

주소 304 South Broadway, Los Angeles, CA
전화번호 +1 213 626 1893
홈페이지 http://bradburybuilding.blogspot.in
가는방법 렌터카 / 우버 / 메트로 : 퍼플 라인 Pershing Square Station에서 하차 후 도보 6분
운영시간 월~금요일 09:00-18:00, 토~일요일 09:00-17:00

Live a movie

bucket list 17

<500일의 썸머>에서 두 주인공이 만난 곳, 브래드버리 빌딩

| 로스앤젤레스 |

<500일의 썸머(500 Days Of Summer)>(2009)는 운명적 사랑을 기다리는 순수한 청년 톰과 자유로운 영혼을 가진 여자 썸머가 사랑에 빠지는 순간부터 이별까지 그린 영화이다. 마지막에 톰이 면접을 보기 위해 들어선 장소가 바로 브래드버리 빌딩이다. 영화에 등장한 곳으로 떠나는 것은 그 무엇보다 설레는 여행이 된다.

실제 브래드버리 빌딩 내부

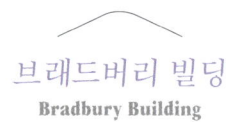

브래드버리 빌딩
Bradbury Building

미국에서 가장 유명한 카페 중 하나인 블루보틀 커피와 도서관, 경찰청이 들어선 브래드버리 빌딩은 백만장자 루이스 브래드버리가 의뢰해 붙여진 이름이다. 1893년 르네상스 양식으로 지어진 이 건물은 100년이 훌쩍 넘는 역사를 가지고 있으며 미국 내에서도 아름다운 건축물로 평가받고 있다.

이 빌딩은 겉보기에는 화려하거나 웅장하지 않지만 안으로 들어가 보면 전혀 다른 분위기이다. 조명을 최소화하고 천장을 낮게 지어 건물 중앙 로비에 햇살이 가득 스며들 때 그 진가를 발휘한다. 햇빛이 쨍한 날 브래드버리 빌딩에 들어서면 어딘지 포근하고 편안한 느낌이 든다.

브래드버리 빌딩 외부 모습

주소　304 South Broadway, Los Angeles, CA
전화번호　+1 213 626 1893
홈페이지　http://bradburybuilding.blogspot.in
가는방법　렌터카 / 우버 / 메트로 : 퍼플라인 Pershing Square Station 에서 하차 후 도보 6분
운영시간　월~금요일 09:00-18:00, 토~일요일 09:00-17:00

브래드버리 빌딩을 배경으로 한 <500일의 썸머>의 한 장면

햇빛이 들어오는 내부 모습

건물 입장을 제한하지는 않고 누구나 자유롭게 출입할 수 있다. 맞은편 그랜드 센트럴 마켓처럼 관광객이 많지 않아 사진을 찍으며 여유롭게 빌딩을 둘러볼 수 있다. 하지만 관광객들에게는 1층 계단까지만 허용한다. 1층에는 유명한 블루보틀 커피가 있다. 맞은편에는 영화 <라라랜드>에 등장한 리알토 극장(Rialto Theater)도 있다. 참고로 극장은 현재 폐관 상태이다.

블루보틀 커피
Blue Bottle Coffee

미국 여행을 하는 동안 들어보게 마련인 유명한 카페로 한국에도 지점이 있다. 브래드버리 빌딩 내에 있어 건물을 구경하고 잠깐 쉬어 가기에 제격이다. 선물용으로 살 만한 텀블러나 원두 종류도 다양하게 마련되어 있다.

주소 300 S Broadway, Los Angeles, CA
전화번호 +1 510 653 3394
홈페이지 http://bluebottlecoffee.com
운영시간 월~금요일 06:30-18:00, 토~일요일 07:00-19:00
가격 $5~10

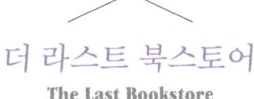

더 라스트 북스토어
The Last Bookstore

로스앤젤레스에서 가장 큰 서점인 더 라스트 북스토어는 규모뿐 아니라 고풍스러운 인테리어로 더 유명하다. 이곳만의 특별한 책장에 책이 꽂혀 있는 모습이 특이하다. 사진 촬영이 가능해서 재밌는 사진을 많이 찍을 수 있다.

주소　453 South Spring St, Los Angeles, CA
전화번호　+1213 488 0599
홈페이지　http://lastbookstore.com
운영시간　일·월~목요일 10:00-22:00, 금~토요일 10:00-23:00

course
1일 코스

더 라스트 북스토어 (203쪽)
주소 453 South Spring St, Los Angeles, CA
전화번호 +1213 488 0599
홈페이지 http://lastbookstore.com
운영시간 일·월~목요일 10:00-22:00, 금~토요일 10:00-23:00

올베라 스트리트 Olvera Street
주소 125 Paseo De La Plaza, Los Angeles, CA(America Tropical Interpretive Center(미국역사박물관)으로 검색)
- 그랜드 센트럴 마켓에서 도보 20분 거리에 있는 올베라 스트리트는 에니메이션 〈코코〉의 배경지로 유명한 곳이다. 멕시코 전통 장신구와 먹거리를 파는 재래시장으로 실용성보다는 여행의 추억으로 구입할 만한 물건들이 많다.

아츠 디스트릭트 Arts District
주소 901-909 E 3rd St, Los Angeles, CA(Hauser & Wirth(미술관)으로 검색)
- 공장 건물을 예술과 상업성을 곁들여 개조한 곳으로 우리나라 성수동과 비슷한 분위기다. 실제로 가수들의 뮤직비디오와 방송에 많이 등장해 더욱 핫한 곳이다. 거리 곳곳의 벽과 건물은 벽화로 도배되어 있어 사진을 찍기에도 더할 나위 없다.

아츠 디스트릭트의 벽화

Awesome _____
_____ nature

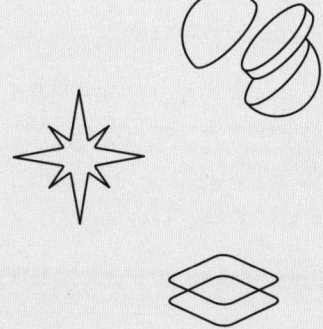

bucket list 18

세상에서 가장 아름다운 요세미티 국립공원에서 자연을 만끽하기

어느 날 노트북의 배경 화면을 보면서 '여긴 대체 어디일까?'라는 궁금증이 생겼던 곳, 바로 요세미티 국립공원이다. 컴퓨터 그래픽으로 만들어낸 허구가 아닐까 싶을 만큼 상상하기 힘든 놀라운 자연경관이 펼쳐진다. 모든 계절이 아름답지만 같은 계절이어도 기온 차가 매일 다르니 가기 전에 꼭 날씨를 확인하자.

맥북 배경 화면의 실제 장소에서 찍은 사진(요세미티 국립공원)

주소 Yosemite National Park, CA
전화번호 +1 209 372 0200
가는방법 대중교통 : 샌프란시스코에서 그레이하운드 버스를 이용하거나 암트랙을 이용해 머세드까지 가서(약 4시간 소요) VIA 버스로 환승 / 렌터카 / 투어 이용 / 샌프란시스코에서 약 5시간 소요
홈페이지 http://yosemitenationalpark.com
입장료 렌터카는 인원수와 상관없이 차량 1대당 $30

요세미티 국립공원
Yosemite National Park

캘리포니아주 시에라 네바다 산맥(Sierra Nevada Range) 서부에 자리 잡은 국립공원이다. 서울 면적의 약 3배에 달하며, 1984년 유네스코 세계자연유산으로 지정되었다. 1850년대 캘리포니아에서 금광이 발견되어 인디언의 삶의 터전인 이곳에 외지인들이 들어오기 시작했고, 인디언이 '몸을 숨겨라, 회색 큰 곰이 나타났다'라는 뜻으로 '요세미티'라고 외친 데서 이름이 유래되었다. 실제로 마주한 요세미티 국립공원은 말이나 글로 표현할 수 없을 정도로 아찔하다. 웅장한 산, 화강암 절벽, 하늘로 쭉쭉 뻗은 나무들과 숲, 다양한 높이의 폭포까지 어느 하나 경이롭지 않은 것이 없다. 웅장한 경관을 멀리서 바라보는 그랜드캐니언과 달리 요세미티 국립공원은 대자연을 느끼며 트레킹할 수 있다. 겨울에 눈이 많이 오면 자동차 진입이 통제될 수 있으니 미리 확인해야 한다. 엘포털 로드(140번 도로)는 상시 개방하지만 눈이 오면 자동차 바퀴에 반드시 체인을 장착해야 한다.

하프돔
Half Dome

요세미티 국립공원에서 볼 수 있는 사슴

요세미티 국립공원 입구부터 메타세쿼이어 종류의 커다란 나무들이 가득한 숲이 나타나고 그 사이로 야생 사슴들이 보인다. 이것만으로도 이곳의 생태계가 얼마나 잘 보존되어 있는지 알 수 있다. 요세미티는 빙하의 침식으로 생성된 계곡으로 화강암 절벽을 쉽게 볼 수 있다. 그중 꼭 가봐야 할 곳은 바로 하프돔이다. 매 시각 바뀌는 햇빛의 각도에 따라 다른 분위기를 연출하는데, 해 질 녘 노을에 비쳐 마치 용암이 흘러내리는 듯한 모습이 유명하다. 하프돔은 유명한 아웃도어 브랜드 노스페이스 로고에 사용되기도 했다. 높이가 해발 2,693미터이며 계곡에 접한 북서쪽은 수직 절벽, 남동쪽은 나선형이어서 한쪽이 잘려 나간 것 같지만 사실은 어느 쪽에서 보느냐에 따라 그 모습이 다르다고 한다.

엘캐피탄
El Capitan

요세미티 국립공원에서 가장 추천할 만한 장소는 터널뷰(Tunnel view)에서 바라보는 엘캐피탄이다. 가만히 서서 대자연을 바라보고 있노라면 전율이 느껴진다. 자연의 위대함 그 자체다. 엘캐피탄은 세계에서 가장 큰 화강암으로도 유명한데 마치 유명한 조각가가 깎아놓은 듯한 모습이 너무나도 웅장하고 압도적이어서 탐험가들이 왜 이곳을 찾는지 이해할 수 있다.

tip 요세미티 국립공원은 모든 곳이 사진 포인트이지만, 특히 엘캐피탄을 등지고 찍으면 인물과 배경이 합성된 것 같은 인생 사진을 간직할 수 있다.

터널뷰에서 엘캐피탄을 배경으로 찍은 사진

엘캐피탄의 모습

글래이셔 포인트에서 바라본 요세미티 국립공원 전경

글래이셔 포인트
Glacier Point

270도 파노라마 뷰로 위에서 내려다볼 수 있기 때문에 하프돔을 포함해 요세미티 국립공원을 전체적으로 감상할 수 있는 곳이다. 동절기부터 5월까지는 쌓인 눈으로 인해 글래이셔 포인트를 개방하지 않는다. 개방하는 시기에 여행을 한다면 무조건 가야 하는 곳이다.

미러 레이크의 모습(출처 unsplash @Quentin Dr)

미러 레이크
Mirror Lake

하프돔이 그대로 거울처럼 반영되어 신비로움을 자아낸다. 그 신비로운 모습을 볼 확률은 50퍼센트이지만 미러 레이크 자체만으로도 아름다운 곳이다. 다른 곳들처럼 웅장하지는 않지만 아늑하고 수채 풍경화에 들어온 듯해 잠깐 쉬어 가기 좋다.

브라이들베일 폭포
Bridalveil Falls

요세미티 국립공원의 거대한 빙하 골짜기에는 여러 개의 폭포가 있는데, 그중에서 가장 추천하는 곳이 브라이들베일 폭포이다. 높이 739미터로 북미 지역에서는 가장 높은 폭포라고 한다. 1년 내내 물이 마르지 않는데, 특히 늦봄에 눈이 녹아 흐르는 모습이 장관을 이룬다. 겨울에 가면 물이 적어 조금 실망할 수 있다.

브라이들베일 폭포의 모습

special
요세미티 국립공원 숙소

요세미티 국립공원은 당일치기로 많이 가지만 며칠 머물면서 둘러보기에도 부족한 곳이다. 여유롭게 더 많은 곳을 보거나 트레킹을 계획한다면 1박 2일 또는 2박 3일 머무는 것이 좋다.

롯지(Lodge)

요세미티 국립공원의 숙소를 검색하면 80퍼센트 이상이 롯지이다. 롯지를 선택할 때 첫 번째 기준은 접근성이다. 모든 셔틀버스의 출발지인 요세미티 밸리에서 가까울수록 좋다. 하지만 그만큼 가격이 비싸고 날씨가 좋은 4월부터는 몇 달 전에 예약하지 않으면 현지 예약이 힘들다.

출처 shutterstock

두 번째 기준은 경사도이다. 경치는 산간 쪽이 훨씬 좋지만 아래로 내려올수록 산간도로의 경사가 완만하고 주변에 식당과 상점이 많다. 목적과 편리, 실용성을 따져보고 원하는 곳으로 예약하는 것이 좋다. 요세미티 국립공원 주변으로 검색해도 왕복 4시간이 걸리는 곳도 있으니 저렴하다고 바로 예약해서는 안 된다. 요세미티 밸리 내의 엘포털이나 요세미티 웨스트, 피시 캠프 주변에서 숙박할 경우 요세미티 밸리까지 30분밖에 걸리지 않지만 가장 저렴한 롯지가 1박에 250달러 정도이다. 최근 지어진 롯지는 500~1천 달러까지 한다.

주소 8308 Wawona Rd, Yosemite Valley, CA
전화번호 +1 888 413 8869

빅트리 롯지(Big Tree Lodge)

요세미티 밸리에서 30~40분 거리에 있지만 롯지 바로 옆에 메도 루프 트레일 코스가 있다. 요세미티 밸리 내의 롯지보다는 조용하고 도로 접근성도 좋아서 훨씬 편하다. 바로 뒤쪽으로 머세드강을 끼고 도는 아름다운 드라이브 코스도 있다. 화장실을 공용으로 사용하는 방도 있으니 꼼꼼히 확인한다.

요세미티 밸리 롯지(Yosemite Valley Lodge)

펜션 형태로 지어진 이곳은 요세미티 밸리 내에 있어 위치상으로는 가장 좋다. 그래서인지 항상 예약이 차 있으니 반드시 몇 달 전에 예약해야 한다.

주소 9006 Yosemite Lodge Dr, YOSEMITE NATIONAL PARK, CA
전화번호 +1 888 413 8869

호텔

요세미티 국립공원 안에도 호텔이 있다. 그중 마제스틱 호텔은 1층 레스토랑이 유명해서 그곳만을 찾는 사람들이 많다. 위치와 시설 모두 좋지만 1박에 600달러가 넘을 정도로 비싸다.

캠핑장

요세미티 국립공원 곳곳에 캠핑장이 있다. 캠핑카를 이용할 수도 있고 텐트를 직접 가져가도 된다. 원하는 날짜에서 4개월 전부터 매달 15일 오전 7시에 인터넷으로 예약 신청을 받는다(회원 가입 후 예약). 선착순이기 때문에 이 또한 예약하기가 하늘에 별 따기라고 한다.

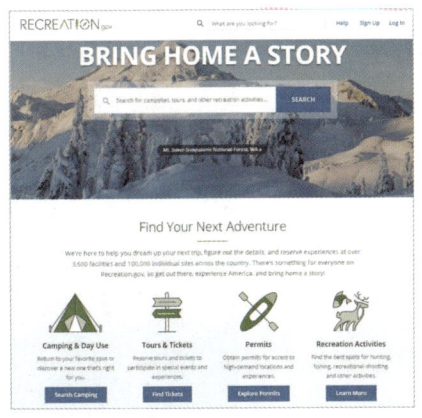

출처 shutterstock

예약 홈페이지 www.recreation.gov

bucket list 19

죽기 전에 꼭 가봐야 할 곳,
그랜드캐니언 느껴보기

"그랜드캐니언의 놀라움은 그 어떤 언어, 그 어떤 미디어로도 표현할 길이 없다. 그랜드캐니언을 한쪽 방향에서 보고 이해하는 것은 불가능하며 겹겹이 싸인 커튼을 헤치듯 그 미로 사이를 몇 달이고 헤매야 한다." 1869년 처음으로 원정대를 이끌고 콜로라도강을 탐험하며 본격적으로 사람들에게 그랜드캐니언의 존재를 알린 존 웨슬리 파웰이 남긴 기록이다. 이로부터 150년이 지난 지금도 많은 탐험가들이 그와 비슷하게 그랜드캐니언을 표현한다. 그랜드캐니언은 며칠, 몇 달 혹은 몇 년에 걸쳐 사진으로 담고 글로 쓴다 해도 광활하고 다양한 모습을 담기에는 역부족이다.

그랜드캐니언을 직접 두 눈으로 보고 싶은 열망을 품지 않은 사람이 드물 것이다. 어떤 곳이기에 수많은 탐험가들이 그런 말을 남겼는지 직접 경험해보자.

추천 계절 : 봄, 여름, 가을(일교차가 매우 크고 여름의 낮은 무척 더우니 철저히 준비해야 한다.)

그랜드캐니언의 모습

그랜드캐니언 국립공원
Grand Canyon National Park

사람들은 그랜드캐니언을 신이 빚어낸 최고의 걸작이라고 말한다. 그리고 그랜드캐니언을 직접 본 사람들은 그 말에 절로 동의한다. 애리조나주에 위치한 그랜드캐니언은 무려 수억 년에 걸친 지질활동과 콜로라도강에 의한 침식작용으로 형성된 협곡으로 길이 약 446킬로미터(서울에서 부산까지의 거리), 깊이가 1,500미터나 되는 이름 그대로 큰 협곡이다. 규모 자체도 어마어마해서 그랜드캐니언의 노스림에서 사우스림까지 차를 타고 이동하는 데만 4시간이 걸린다. 내비게이션에서 그랜드캐니언으로 검색하면 안 된다. 반드시 노스림(North Rim), 사우스림(South Rim), 이스트림(East Rim), 웨스트림(West Rim) 등의 정확한 목적지를 입력해야 한다.

'웅장함', '압도적'이라는 단어들은 가히 그랜드캐니언에 붙일 만한 형용사이다. 눈앞에 보고 있어도 두 눈을 의심하게 되는 풍광이 펼쳐진다. 사진이나 책, 영상에서 보던 모습 이상으로 압도적이다.

직접 보면 더 놀라운 그랜드캐니언

주소 Grand Canyon National Park. 목적지를 정확히 내비게이션에 입력해야 하며 데이터 통신을 사용할 수 없는 구역이 많으므로 반드시 구글 지도를 미리 저장해두어야 한다.
전화번호 +1 928 638 7888
홈페이지 http://nps.gov
가는방법 라스베이거스에서 차로 약 4시간 30분 소요
입장료 차량 1대당 $35
운영시간 24시간 개방 / 단, 노스림은 해발 고도가 사우스림보다 높아 낮은 기온과 폭설로 11월부터 5월까지 출입이 제한된다.

그랜드캐니언은 스페인 사람들이 처음 발견했다. 이곳의 웅장한 자연경관에 감탄하여 스페인어로 '거대하다'는 뜻인 '그란데(grande)'를 붙임으로써 후에 그랜드캐니언이라 명명되었다. 그랜드캐니언에는 많은 뷰포인트가 있는데 가장 잘 알려진 곳은 사우스림(South Rim)으로 그랜드캐니언을 찾는 관광객의 90퍼센트가 이곳을 여행한다. 노스림(North Rim)은 사우스림만큼 편의 시설이 많지 않아 찾는 사람이 적지만 좀 더 모험적이고 새로운 도전을 하고 싶은 사람들에게 멋진 뷰를 선사한다.

Awesome nature

사우스림 뷰포인트
South Rim Viewpoint

사우스림은 그랜드캐니언 빌리지, 레스토랑, 셔틀버스, 캠핑장이 모여 있어 관광객들이 가장 많이 찾는다. 사막부터 콜로라도강과 협곡을 내려다볼 수 있는 도로가 빌리지까지 이어진다. 대부분 차로 이동 가능하지만 웨스트림은 공원 보호와 협소한 주차장 때문에 3월부터 11월에는 차량을 통제하고 모든 관광객이 셔틀버스를 이용해야 한다. 빌리지부터 허밋 레스트(Hermit's Rest), 허밋 로드(Hermit's Road)에 이르는 코스에는 그랜드캐니언의 진수를 볼 수 있는 하이라이트 뷰포인트가 널려 있다.

마더 포인트(Mother Point)

사우스림에서 가장 유명한 뷰포인트로 넓은 전망과 함께 일출이 장관이어서 이른 시간부터 사람들의 발길이 끊이지 않는다. 그랜드캐니언 방문자 센터(Visitor Center)와 가깝다.

야바파이 포인트(Yavapai Point)

그랜드캐니언의 아름다운 일출을 보기 위해 이른 시간부터 사람들이 모여든다. 바위산들이 하나둘 붉게 타오르기 시작하면 어둠은 점점 더 깊은 협곡 속으로 숨어드는데, 그 모습이 아름다워 사우스림에 왔다면 반드시 찾아야 하는 뷰포인트이다.

호피 포인트(Hopi Point)

야바파이 포인트가 일출로 유명하다면 호피 포인트는 아름다운 일몰을 볼 수 있는 곳이다. 동쪽에서 서쪽으로 길게 형성된 그랜드캐니언의 모습을 볼 수 있다. 태양의 잔영이 드리운 그랜드캐니언이 시간이 지남에 따라 석양빛에 붉게 빛나는 모습이 마치 하나의 조각품 같아 쉴 틈 없이 카메라 셔터를 누르게 된다.

데저트 뷰포인트(Desert Viewpoint)

가장 높은 곳에서 더 시원하게 그랜드캐니언을 감상할 수 있는 곳이다. 서쪽으로 펼쳐진 협곡과 동쪽으로 펼쳐진 사막의 대조적인 모습을 모두 볼 수 있다. 데저트 뷰포인트의 가장 큰 장점은 협곡 아래로 도도히 흘러가는 콜로라도강의 긴 물줄기를 볼 수 있다는 점이다.

special
그랜드캐니언 숙소

그랜드캐니언에서만 1박 2일 또는 그 이상을 계획한다면 그랜드캐니언 내의 롯지나 캠핑장을 서둘러 예약해야 한다.

롯지(Lodge)

그랜드캐니언 사우스림 빌리지에 5개의 롯지가 있고, 그곳에서 조금 떨어진 곳에 1개의 야바파이 롯지가 있다. 빌리지 내의 롯지는 위치상 인기가 많아 반드시 6개월 전에 예약해야 한다.

빌리지 내 롯지 예약 홈페이지 http://grandcanyonlodges.com
야바파이 롯지 예약 홈페이지 http://visitgrandcanyon.com/yavapai-lodge

캠핑장

데저트 뷰 캠프그라운드(Desert View Campgraound)
1박 $12. 4월 중순부터 10월 중순까지 선착순으로 운영하며 예약은 받지 않는다.

마더 캠프그라운드(Mather Campground)
1박 $18. 연중무휴이나 4월부터 10월까지는 예약이 필수이며, 11월 말부터 3월 초까지는 선착순으로 운영한다.

캠핑장 예약 홈페이지 http://recreation.gov

special
그랜드캐니언으로 이동하기

투어 상품 이용하기

운전하기 힘들거나 그랜드캐니언 및 앤텔로프캐니언, 홀슈스 밴드를 편하게 둘러보고 싶다면 한인 투어를 추천한다. 현지인이 운영하는 1일 버스 투어도 있다. 코스는 대부분 비슷하므로 일정(1일, 1박 2일, 2박 3일 등)에 따라 선택하면 된다. 보통 인터넷으로 예약하면 당일 새벽에 숙소로 픽업을 온다. 버스나 미니밴을 이용하는 투어뿐만 아니라 헬리콥터 투어도 있다. 헬리콥터 투어의 가장 큰 장점은 광활한 그랜드캐니언을 한눈에 담을 수 있다는 점이다. 가격이 매우 비싸지만($300~400) 투어를 마치고 나면 그런 생각이 전혀 들지 않는다.
라스베이거스에서 그랜드캐니언까지 경비행기를 타고 가는 투어도 있다. 착륙하지 않고 상공에서 계속 둘러보는 투어와 그랜드캐니언에 착륙해 버스 투어까지 할 수 있는 상품도 있다. 그랜드캐니언까지 이동하는 시간만큼 절약되니 라스베이거스를 더 구경하고 싶은 여행자들에게 좋다.

한인 투어 예약 사이트 http://myrealtrip.com

현지 투어 예약 사이트 http://klasvegastours.com

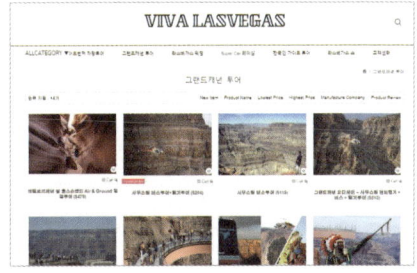
경비행기 투어 예약 사이트(시닉항공) http://grandcanyon.kr

렌터카 이용하기

투어 상품의 가장 큰 단점은 원하는 만큼 머물 수 없다는 것이다. 렌터카를 이용하면 얼마든지 자유롭게 다닐 수 있다. 다만 그랜드캐니언까지 차로 5시간이 걸리므로 장시간 운전으로 인한 체력 소모가 크다.

셔틀버스 이용하기

무료 셔틀버스는 사우스림에서만 이용 가능하다. 레드, 블루, 오렌지, 3개의 라인이 사우스림 내부를 운행하고, 근처의 리조트 타운인 투사얀(Tusayan) 지역으로 가는 퍼플 라인도 있다. 셔틀버스는 약 15~30분 간격으로 운행되며, 각 정류장에서 자유롭게 타고 내릴 수 있다.

허밋 로드 시닉 루트(Hermit Road Scenic Route)

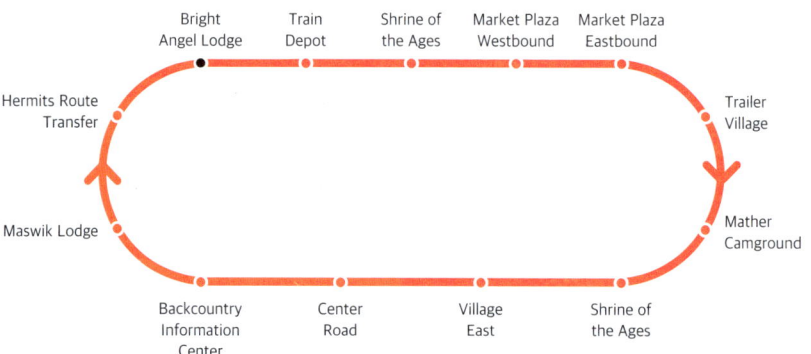

레드 라인(Red Line). 11킬로미터에 이르는 그랜드캐니언의 인기 명소인 허밋 로드를 잇는 노선으로 3월 1일부터 11월 30일까지 운행한다. 빌리지 루트 환승 정류장과 허미츠 레스트 사이를 운행하며, 그 사이에 있는 9곳의 전망대에 정차한다. 왕복 80분 소요.

운영시간 05:15~일몰 후 1시간(15~30분 간격으로 운행), 시즌에 따라 조금씩 다르다.

빌리지 루트(Village Route)

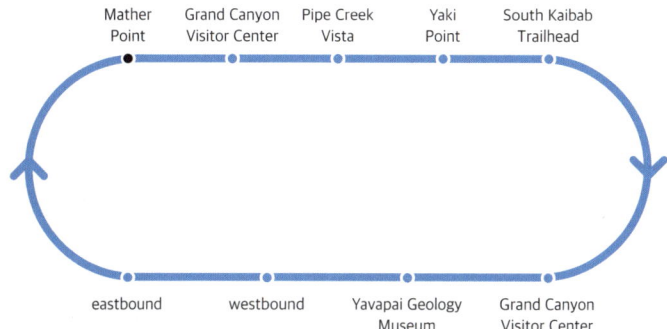

블루 라인(Blue Line). 경치 관람보다 주요 장소를 연결하는 데 유용하다. 그랜드캐니언 방문자 센터, 허미츠 레스트 루트 환승 정류장, 레스토랑 등을 연결한다. 왕복 50분 소요.

운영시간 06:00~21:00(15~30분 간격으로 운행), 시즌에 따라 조금씩 다르다.

카이밥/림 시닉 루트(Kaibab/Rim Scenic Route)

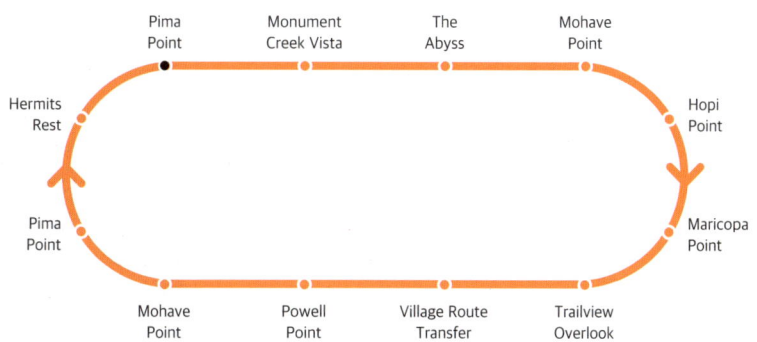

오렌지 라인(Orange Line). 창밖으로 보이는 경치가 훌륭하다. 이동 수단이라기보다 한 바퀴 돌며 경치를 감상하기에 좋다. 왕복 50분 소요.

운영시간 06:00~일몰 후 1시간(15~30분 간격으로 운행), 시즌에 따라 조금씩 다르다.

bucket list 20

자연의 신비
앤텔로프캐니언으로 들어가 보기

수억 년 동안 빗물에 의한 침식작용으로 형성된 앤텔로프캐니언은 그 오랜 시간을 가늠하기조차 힘들 만큼 신비롭고 경이로운 자연의 위대함을 온몸으로 경험할 수 있다. 자연이 만들어낸 광활하고 웅장한 풍경을 직접 만져보고 느낄 수 있다는 점에서 꼭 가봐야 할 곳 중 하나이다.

앤텔로프캐니언
Antelope Canyon

'눈과 마음, 영혼에 축복을 내릴 곳' 앤텔로프캐니언은 죽기 전에 꼭 가봐야 할 자연 절경 중 하나로 오랜 풍화작용과 침식작용으로 생성된 협곡이다. '앤텔로프(Antelope)'는 '영양'이라는 뜻으로 '영양을 치는 소녀가 발견한 장소', '영양이 많이 사는 장소'라는 의미로 붙여진 이름이다. 만지면 부서질 것 같지만 실제로는 단단하다. 오랫동안 거대한 사암 틈새로 물이 흘러 침식되었기 때문에 벽면이 물결치듯 유러한 모양이다. 사암 협곡으로 들어오는 빛의 각도와 양에 따라 그림자가 생기면서 변화무쌍한 모습을 보여준다.

앤텔로프캐니언으로 들어가려면 반드시 나바호족 인디언 가이드와 동행해야 한다. 이곳은 인디언 나바호족이 소유권을 가지고 있으며, 사람들이 폭우에 휩쓸려 사망한 일도 있기 때문이다.

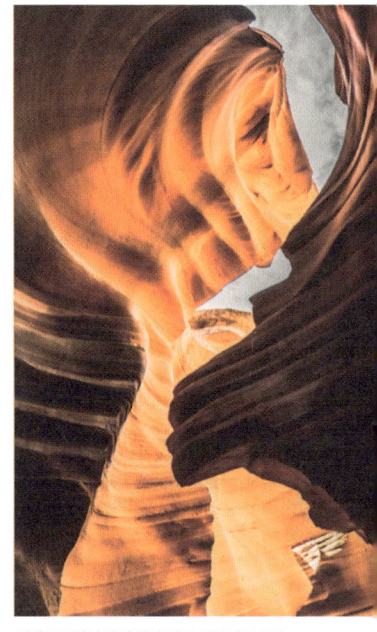

앤텔로프캐니언 안에서 위를 올려다본 모습

날씨에 의해 투어가 취소되는 경우도 종종 있으니 반드시 미리 확인해야 한다. 또한 이곳에서 꼭 지켜야 할 규칙이 몇 가지 있다. 지정된 가이드와 떨어지지 않기, 암벽을 타거나 낙서하지 않기, 셀카봉, 삼각대, 고프로 사용 금지(단, 프로페셔널 투어 예약 시 사용 가능)이다. 가파른 계단을 오르내려야 하기 때문에 절대 중간에 멈춰서 사진을 찍으면 안 된다. 백팩 등의 배낭도 가져갈 수 없고 편한 옷과 신발이 필수다.

사진작가의 성지인 만큼 누구나 멋진 사진을 찍을 수 있다. 특히 협곡 틈으로 비친 햇살을 받으며 촬영하면 그야말로 인생 사진이 된다.

주소　Page, Arizona
전화번호　+1928 606 2168
가는방법　렌터카 / 투어 이용 / 라스베이거스에서 5시간 소요
운영시간　하절기 07:00-17:00, 동절기 09:00-16:00
입장료　로어(Lower) $25~, 어퍼(Upper) $45~, 나바호족
가이드 비용 $8, 투어 회사마다 가격이 다르다.

협곡 틈으로 비친 햇살 밑에서 찍은 사진

special
앤텔로프캐니언 투어 예약하기

앤텔로프캐니언은 로어(Lower)와 어퍼(Upper) 2곳으로 나뉜다. 로어 코스는 지하로 내려가는 것이고, 어퍼 코스는 지상의 협곡으로 들어가는 것이다. 어퍼는 천장의 틈 사이로 길게 빛이 내려오는 모습을 볼 수 있어 더 많은 사람들이 찾는다. 투어 요금도 어퍼 코스가 조금 더 비싸며 예약하기도 쉽지 않다. 동절기 흐린 날에는 로어 투어가 좋으며, 햇빛이 너무 강한 시간대는 피하는 것이 좋다.

어퍼 앤텔로프캐니언 예약 사이트

시내에 위치한 사무실에서 출발하며, 어퍼 앤텔로프캐니언만 방문한다면 다음 2곳이 편하다.

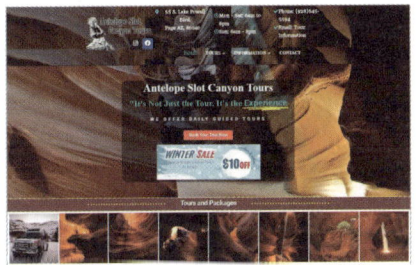

예약 사이트 http://www.antelopeslotcanyon.com

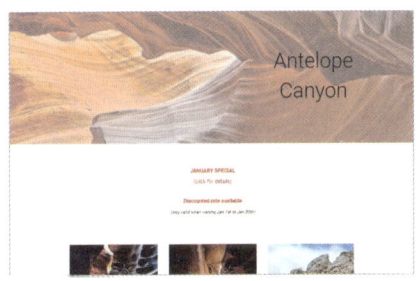

예약 사이트 http://www.antelopecanyon.com

로어 앤텔로프캐니언 예약 사이트

비가 많이 오거나 홍수 등 날씨에 의해 투어가 취소될 수 있으니 미리 확인해야 한다.

예약 사이트 http://lowerantelope.com

bucket list 21

홀스슈 밴드에서 심장이 쫄깃해지는 인생 사진 남기기

자연을 주제로 한 다큐멘터리를 보면 비록 가보지 못한 곳이라도 대리만족을 느끼게 된다. 다큐멘터리에서 본 신기한 장소 중에 하나가 바로 홀스슈 밴드이다. 말발굽 모양을 닮은 협곡이라 하여 홀스슈 밴드라고 불리는데, 자연적으로 생성되었다고 하기에는 너무나 비현실적인 모습이다. 대자연의 위대함을 실제로 마주해보자.

홀스슈 밴드의 모습

대자연의 경이로움, 홀스슈 밴드
Horseshoe Bend

라스베이거스에서 차로 4시간 30분 정도 달려서 도착한 주차장의 첫인상에 조금 실망할 수 있다. 영상에서 본 것처럼 웅장한 풍경이 펼쳐질 줄 알았는데 건조한 허허벌판의 사막이 나타난다. 하지만 천천히 15분쯤 걸어가면 붉은색 암석이 하나둘씩 나타나고 앞서 가는 사람들의 소란스러운 목소리가 들린다. 기대하던 모습이 곧 나타나는 것일까? 작은 설렘을 안고 바위 사이사이를 밟으며 나아가다 보면 수억 년의 비밀을 간직한 홀스슈 밴드를 만나게 된다.

홀스슈 밴드 입구

홀스슈 밴드로 걸어가는 길

얇은 돌로 켜켜이 쌓아놓은 절벽 아래쪽을 내려다보면 청록빛 강이 굽이도는 말발굽 모양의 웅장한 협곡이 나타나는데 이곳이 바로 홀스슈 밴드이다. 깎아지른 절벽 아래로 굽이굽이 흐르는 콜로라도강이 말발굽 모양으로 흐르면서 침식작용에 의해 만들어졌다고 한다. 약 300미터나 되는 바위 끝 낭떠러지는 아찔함과 현기증으로 제대로 서 있기조차 힘들다. 그야말로 자연의 위대함을 느끼는 순간이다.

주소 Page, AZ 86040
홈페이지 http://horseshoebend.com
가는방법 렌터카 / 라스베이거스에서 4시간 30분 소요, 앤텔로프캐니언에서 30분 소요
입장료 무료

낭떠러지 절벽 위에 사람들이 모여 있는 모습

이곳을 실제로 마주하는 순간 인생 사진을 남기고 싶은 욕구는 더 강렬해진다. 뷰포인트인 절벽은 단 하나의 안전장치도 없으니 항상 조심해야 한다. 혹여 발을 잘못 내딛기라도 하면 수백 미터 아래로 떨어질 수 있다. 협곡을 끼고 도는 콜로라도강에서 보트 투어를 할 수도 있으니 여유가 된다면 참고하자. 장시간 운전이 힘들거나 직접 운전할 수 없다면 홀스슈 밴드, 그랜드캐니언, 앤텔로프캐니언 등 여러 명소를 한 번에 볼 수 있는 투어 상품을 추천한다. 당일 코스, 1박 2일 코스 또는 더 긴 코스도 있으니 원하는 여행 스타일에 따라 선택하면 된다.

홀스슈 밴드를 배경으로 찍은 사진

bucket list 22

조슈아트리 국립공원에서
은하수 보기

광활한 대지 위에 홀로 서 있는 특이한 나무 한 그루와 그 나무를 비추는 무수한 별빛, 조슈아트리 국립공원의 첫 느낌은 신비로움 그 자체다. 빅 션(Big Sean)의 〈바운스백(Bounce Back)〉 뮤직비디오가 바로 이곳에서 촬영됐다고 한다. 덩그러니 서 있는 독특한 모양의 나무가 조슈아 트리이다.

추천 계절 : 봄, 여름, 가을

조슈아트리 국립공원
Joshua Tree National Park

미국 서부영화에서 흔히 보던 적막하고 건조한 분위기의 도로를 따라가다 보면 어느덧 조슈아트리 국립공원이 나타난다. 당장이라도 누군가 말을 타고 등장해도 전혀 이상하지 않을 풍경이다. 조슈아트리 국립공원은 그랜드캐니언이나 앤텔로프캐니언처럼 경이로운 장관이 연출되는 곳은 아니다. 서울 면적의 약 4배(3,214㎢)로 고지대의 서늘하고 습한 모하비 사막과 저지대의 뜨겁고 건조한 콜로라도 사막이 서로 만나 빚어낸 이질적이고 잔잔한 풍경만 가득할 뿐이다.

하지만 사막 위의 조슈아 트리와 암벽을 내리쬐던 뜨거운 태양이 자취를 감추고 어둠이 찾아오면 그 어디에서도 볼 수 없는 신비로운 세상이 펼쳐진다. 조슈아 트리가 서 있는 사막의 풍경과 칠흑같은 어둠 속에서 빛나는 무수한 별들, 조슈아 트리를 비추며 강물처럼 흐르는 은하수, 눈앞에서 떨어지는 별똥별의 신비로운 조화는 그 자체로 이미 영화가 되고 낭만이 되는 순간이다. 어둠이 내리면 자동차 불빛을 끄고 잠시만 눈을 감았다 떠보자.

주소 6554 Park Blvd Joshua Tree, CA(Joshua Tree National Park Visitor Center로 검색)
전화번호 +1760 366 1855
홈페이지 http://nps.gov
가는방법 렌터카 : 팜스프링스에서 1시간, 유카밸리(Yucca Valley)에서 30분
운영시간 24시간 개방, 방문자 센터 매일 08:00-17:00
입장료 차량 1대당 $30(7일간 유효)

조슈아트리 국립공원의 밤하늘을 수놓은 은하수

밤하늘 은하수 보기
The Galaxy

많은 여행자들이 조슈아트리 국립공원을 찾는 이유는 은하수를 보기 위해서이다. 조슈아트리 국립공원에서 하나만 해야 한다면 밤하늘을 수놓은 은하수를 보는 것이다. 하지만 이렇게 멋진 밤의 풍경을 보기 위해서는 여러 가지 조건이 맞아야 한다. 당연히 날씨가 좋아야 하고 보름달이 뜨면 달빛이 별빛을 가리기 때문에 달이 밝지 않은 날이 좋다. 4월에서 10월까지 최적의 시기라고 한다.

캠핑하기
Camping

최고의 별 관측지인 조슈아트리 국립공원에서 낭만을 더하는 것이 바로 캠핑이다. 공원 안에는 9개의 캠핑장이 있다. 코튼우드(Cottonwood), 인디언 코브(Indian Cove), 쉬프 패스(Sheep Pass)는 미리 예약해야 하고, 나머지는 선착순으로 자리를 잡는다. 성수기에는 자리 싸움이 치열하니 되도록 예약하는 것이 좋다. 가장 넓은 캠핑장인 점보 록스(Jumbo Rocks)의 가격은 15달러이다. 국립공원 밖에도 가까운 곳에 캠핑장이 많으니 이용하면 된다. 캠핑 장비를 챙겨 가기 힘들뿐더러 미국에서 구입하려면 비용이 많이 드니 투어 프로그램을 이용하거나 캠핑카를 빌리는 것이 좋다. 국립공원 안에는 식음료와 생필품을 파는 곳이 없으니 꼼꼼히 챙겨 가자.

출처 shutterstock

special
조슈아트리 국립공원에서 놓쳐서는 안 될 포인트

히든 밸리 네이처 트레일(Hidden Valley Nature Trail)

히든 밸리를 중심으로 다양한 루트가 있다. 특히 히든 밸리 네이처 트레일은 가장 대표적인 트레킹 코스로 조슈아트리 국립공원 여행의 출발점으로 삼기에 좋다.

주소 Twentynine Palms, CA 92277 미국
홈페이지 nps.gov
전화번호 +1 760-367-5500

출처 shutterstock

스컬 록(Skull Rock)

바위 모양이 해골을 닮았다 해서 붙여진 이름이다. 조슈아트리 국립공원에 있는 기암괴석 중 하나로 실제로 보면 더욱 실감난다.

출처 shutterstock

키즈 뷰(Key's View)

산 정상에서 팜스프링스 일대와 샌버나디노 산맥을 볼 수 있는 곳이다. 주차장에서 3분만 걸어가면 산 정상에 이를 수 있기 때문에 일몰을 보기 위해 많은 사람들이 찾는다. 대기 중에 있는 모래 먼지 덕분에 빛 무리가 생긴 일몰은 사막의 특징이 고스란히 담겨 또 다른 분위기를 연출한다. 해가 완전히 지고 나면 시작되는 시간은 매직아워

출처 shutterstock

라 불리며 사람들이 키즈 뷰를 찾는 가장 큰 이유가 되었다. 하늘에서 펼쳐지는 황홀한 색감의 향연과 색깔이 완전히 없어지고 나서 등장하는 수많은 별들은 누군가 마법을 부린 듯 신비롭다.

촐라 캑터스 가든(Cholla Cactus Garden)

촐라 선인장은 둥근 줄기가 서로 맞붙는 종류를 일컫는다. 넓은 사막 위에 촐라 선인장이 넓게 분포되어 있는 모습이 마치 다른 세계에 와 있는 듯하다.

촐라 캑터스 가든

special
조슈아트리 국립공원 둘러보기

비교적 도시에서 가까운 곳에 위치해 캠핑을 하지 않더라도 은하수를 보고 숙소로 돌아올 수 있다. 렌터카를 이용하지 않는다면 로스앤젤레스에서 출발하는 1박 2일 캠핑카 투어를 추천한다. 조슈아트리 국립공원은 입구가 총 3개인데 보통 우리가 기대하는 조슈아 트리 숲은 북쪽에 있으니, 낮에 들어갈 때는 서쪽과 북쪽에 위치한 방문자 센터(Visitor Center)로 들어가야 한다. 남쪽 게이트인 코튼우드 방문자 센터(Cottonwood Visitor Center)는 북쪽 지역만큼 인기가 많지 않지만 밤하늘을 볼 수 있는 아주 좋은 환경을 제공한다. 은하수만 볼 거라면 남쪽 게이트를 이용하는 것이 좋다.

공원 내부에는 편의 시설이 없으므로 허기와 갈증을 달래줄 음식과 물을 넉넉히 챙겨가야 한다. 조슈아트리 국립공원에서는 매년 나이트 스카이 페스티벌이 열리는데 홈페이지(http://nps.gov)에서 날짜를 확인할 수 있다.